藍學堂

學習・奇趣・輕鬆讀

投資的絕對原則

韓 國 股 神
簡 單 又 心 安 的 農 夫 投 資 法

韓國股神 朴泳玉 박영옥——著　Loui——譯

주식투자 절대 원칙

推薦序

當股市農夫，在股票市場「欲速則不達，慢慢來才比較快」

周文偉（華倫）

相信所有投資人應該都聽過股神——華倫．巴菲特（Warren Buffett）的名號，巴菲特在一九六二年買進波克夏海瑟威（Berkshire Hathaway）的股票，持有至今。當時波克夏股價一股在十美元左右，截至二〇二三年七月中，波克夏（BRK-A）的股價已經超過一股五十二萬美元，成長逾五萬倍；再講另一個極端的例子，也是波克夏重要持股之一的可口可樂（Coca Cola），假設有人在一百年前買進可口可樂並持有至今，可以大賺超過二十四萬倍，這就是長期複利的魔法。

波克夏長期不斷成長，靠的不是低買高賣的「投機生意」，「作價差」並不是波克夏的本業，即使股價長期漲漲跌跌，上下波動，巴菲特也不為所動，巴菲特領導的波克夏是靠經營事業賺錢，做的是「投資生意」，買進並長期持有數家優秀公司，如此才造就巴菲特在二〇〇八年成為世界首富，二○二三年也是《富比士》全球富豪榜的第五名。

然而，就算我們沒有在一百年前買進可口可樂、也沒有在六十年前買進波克夏，如果你和筆者一樣，在十八年前買進台灣的股票中華食（4205），持有至今也可賺到十九倍；或者十八年前投資台積電（2330）或富邦金（2881），也可以賺十八倍和五倍；如果你在過去十八年每個月都定期定額一萬元投資上述三檔股票，如今你將擁有兩千萬元的中華食股票市值、或一千九百萬的台積電股票市值、或六百萬元的富邦金股票市值；這十八年下來，總共可以領到四百五十萬元的中華食股息、或二百七十萬的台積電股息、或一百八十萬元的現金股息，如果你繼續持有上述股票，將繼續參與公司的成長，繼續領股息一輩子。

筆者只是用上述三檔股票為例，其實不只這三檔股票，如果你長期持有中華電（2412）、中鋼（2002）、中信金（2891）、中保科（9917）、台泥（1101）、台塑（1301）、台灣大（3045）……或其他產業龍頭股或市值型ＥＴＦ，你也可以得到非常優異的績效，重點是長期、有紀律的投資一些好公司。

很多投資人進入股票市場，以為要學會很多高深的操作技巧，投資人學習技術分析、看指標、看量價變化、追蹤籌碼，他們誤以為投資股票要賺錢必須要一直看盤，試圖預測股價漲跌……，但玩股票玩到最後，能夠累積財富或者財富自由的又有幾人呢？

今天要推薦給大家的這本書《投資的絕對原則》正是有「韓國巴菲特」和「股票農夫」之譽的朴永玉所撰寫，他原本是短線投資的基金經理人，但是每天盯盤、頻繁操作讓他身心俱疲，而且績效並不是特別突出，後來他改採用巴菲特的中長期投資原則後，反而更輕鬆，績效更卓越，他領悟到：「投資如同農夫耕種，重複著播種、發芽、收穫的循環」，寫成本書，他幫助了很多投資人獲得財富累積，並且改善生活，這和筆者的投資觀念不謀而合，因此我非常希望大家都能擁有此書。

買進股票就是擁有公司部分股權，這是「價值投資」的基本教義，長期投資股票的意義在於公司營運過程中給股東的現金流回報，問題是公司總共會給你多少現金，而不是股票成交量，也不是圖表上技術線圖或指標，重點是，這家公司能幫你賺到多少現金流，這是唯一的問題，如果你要買一座農場是這樣、買一棟房子是這樣，買股票也是一樣，就如同台灣全聯超市雖然沒有股票上市，但只要你是全聯股東，這家公司每天都在幫你賺錢。

本書作者朴永玉先生就是以這樣的邏輯教大家如何投資，他給讀者十個投資大原則，我大概分享其重點如後：

首先投資人要知道，你是公司的股東、也是公司的經營者，在你的生活周遭，會發現有一些公司生產的產品或提供的服務得到大多數消費者的青睞，你很容易知道這家公司生意很好，此時就可以買進這家公司股票，如果你同時又是該公司的消費者，會更願意擁有這家公司股票，甚至會和朋友分享該公司的產品或服務，重點就是你要投資自己了解的領域，並且不要試圖預測股價漲跌，更不要隨媒體起舞，一味追逐熱門股，頻繁換股到最後，只是讓政府和券商賺了更多證交稅和手續費而已。

其次是股市就像務農，春耕、夏耘、秋收、冬藏，當你買進台積電時，你就是台積電的股東，你不需要了解先進製程技術，不需要管理公司營運，也不需要煩惱公司的訂單在哪裡，你只要想著長遠的未來，你的財富將會和張忠謀先生一同前進，這樣就可以了。

最後，作者還是希望大家儘早開始投資計畫，他希望每個人或每個家庭至少都能擁有一家夢寐以求的企業，當你投入資金在這些企業，你就為企業注入動力，公司不斷成長茁壯，促進國家社會經濟繁榮，而投資人可以得到股利的回報，如此正向循環，這是非常有意義和引以為傲的事情。

至於有關其他選股的方法或邏輯，就要請大家細心品味書中內容了，本書主要都是介紹韓國股票，但不管韓股、美股或台股，其實投資的原則和方向都是一樣的。

大家可以試算一下，當你有一天不想工作、不想上班的時候，那你每個月需要有多少被動收入才會放心呢？筆者在二十年前就曾經想過這個問題，假設我沒有工作收入之後，我一個月至少要有十二萬元的收入才會有安全感，也就是一年要有一百四十四萬元的被動收入，而這個目標在我存股第十四年的時候，就達成了。

但是，很多人誤會「被動收入」的意思了，被動收入並不是什麼麼都不做就會有收入，如果你把它想成一棵樹，假設從一棵幼苗開始，從幼苗長成大樹，也要一段很長的時間，在大樹長成之前，你不會有任何的果實可以摘取，所以你必須慢慢灌溉、不斷施肥，當這棵大樹成年了，將結食纍纍，然後你又將果實的種子埋下土壤中，若干年後，又複製出一顆結食纍纍的大樹。

所以，我非常用力的要將《投資的絕對原則》這本書推薦給大家，只要你願意，「複利」的魔法不會停止成長。最後和大家共勉，當個股市農夫，在股票市場「欲速則不達，慢慢來才比較快」。

（本文作者為專欄作家、理財講師）

〔推薦序〕

將投資股市比喻成務農，不當「獵人」，要當「農夫」

謝士英

新冠疫情紓解後，世界各地陸續解封了，股市也開始熱絡起來，各種所謂的概念股輪番上陣，好不熱鬧！再加上政府鼓勵當沖作短，讓長期持有的存股族顯得有些落寞，也使得其中一些投資人的信心開始動搖了。尤其是看到日進斗金的短線客，能把持住不受誘惑的實在是少數。

這本《投資的絕對原則》，作者雖然是韓國人，投資的不是台北股市，但是他的投資方法和觀念仍值得我們存股族借鏡。不像筆者是半路出家的門外漢，作者做過基金經理，是理論與實務兼具的理財達人。其年化投資報酬率高達五〇％，更是令人歆羨！

話又說回來了，既然是號稱「韓國巴菲特」，除了績效堪比巴爺爺之外，其方法也是簡單易懂。作者將投資股市比喻成務農，不當「獵人」，要當「農夫」。選對公司就像挑到好種子，選對投資時機就如農人在春天播種。對存股族而言，我們的春天就是股市下跌、股價變得便宜時，尤其是碰到股災。買入股票後，我們不必像農夫要辛苦照顧作物，好公司的同仁會努力地替我們這些股東們製造令人滿意的被動收入。

作者將他的投資心得整理成十條「投資的絕對原則」，這在武俠世界裡就是秘笈裡的十大絕招了吧？在股市中，當沖搶短有點像是在賭博；存股族應當是投資人，長期持有與公司一起成長。雖說在股市裡當農夫不必太辛苦，鋤禾日當午，但是還是要做些基本功課，認識自己投資的公司，千萬不要道聽途說、人云亦云。天下沒有白吃的午餐！

最近當紅的ＡＩ股，和不久之前的元宇宙概念股，如果自己不清楚這些新科技的發展，不應該跟著大家一起瘋狂起舞。航海股在狂飆時，有多少衝浪客被沖到屍骨無存，全都是因為不知道當初為何大漲，又為何暴跌。所以，一般投資人應該去投資自己了解的領域和公司。有時到街上超市逛逛，也許就能找到適合投資的公司。

十大原則之一是，股東是公司的主人，擁有一股和擁有一百張都應該要有同樣的心態。身邊有朋友買股票是為了領紀念品，不太在意公司經營的是否上軌道。若是存股族，就應該將重點放在每年有穩定且較高的利息收入，紀念品則是附加的小確幸，不要本末倒置。何況近來很多公司都是「恕不發紀念品」，還是領股利後去買實用的小禮物犒賞自己吧。

存股的投資人一定要買會長期成長的公司，前景不明或是原地踏步吃老本的企業不應該在我們的名單中。所以，作者也認為股民一定要持續追蹤公司營運的表現，不能買入後就不太搭理，應該像農夫要常常除草施肥，才能有好的收成。

作者用務農來比喻投資股票淺顯易懂，一般人很容易上手。但是知易行難，還是要經過實際操作，領過兩三次股利之後才能慢慢地上手吧。無論如何，先祝各位讀者閱讀愉快，以及投資理財一路順遂！

（本文作者為退休存股教授）

推薦序

股市投資一定有「絕對原則」

李彩元

這裡，有一位農夫。無論是和煦晴朗的早晨，還是灰暗淒冷的夜晚，抑或是刮風下雪，從未停止耕耘貧瘠的土地。他埋下「好的種子」，精心澆水施肥，然後等待結果。時間流轉更迭，他不斷重複著播種、發芽、收穫的循環。儘管歷經貨幣危機、金融風暴，甚至出現疫情，也未曾動搖，只是默默地種下種子。

這位農夫的名字叫做朴永玉。

對朴永玉代表而言，所謂的「股市投資」就是抱持信心，在困難的時期選出好的種子，灑種栽培並照顧陪伴它，豐收期總是會到來。他強調自己投資股票用的不只是農夫的方式，同時也是經營者的方式。尤其是內在價值已經很高，卻用不合常理的低價買賣時，更該勇敢買入。如果農作物因為尚未成熟而沒有結果，就算要再花上幾年，也要耐心等待熟透的那一天。雖然無法確定是什麼時候，但是一株基礎良好的作物，只要好好培養，相信終究會結出果實。

股市農夫不會因為自然災害、天氣和收成量而動搖懼怕；更不會因為市況變差，就拋下自己投資的公司。因為他相信人們對股價和公司的評價，如同那家公司擁有的本質價值那樣珍貴，無論是多久都願意等待。憑藉這樣的信念和堅持，他取得了空前的投資績效。

事實上，所有的事情都沒有「絕對」，股市投資也是如此。沒有人能預測未來的股價，也很難說自己的方法絕對正確。不過，只要對投資抱持正確的態度和觀念，一定有健全的股市投資「絕對原則」，這點我深信不疑。

這本書充滿了作者對股票市場的無限熱情，以及想要無私分享訊息給一般投資人的心意。總而言之，希望讀者能透過這本書，在心裡埋下正確的「投資絕對原則」種子，並得到專屬自己的珍貴成果。

（本文作者為ＬＩＦＥ投信執行長）

推薦序

和我一樣的投資信念

John Lee

股市農夫朴永玉代表說要出版新書，將原稿寄給我的時候，我非常的開心。尤其這本書還是朴代表的力作，匯集他獨一無二的投資精髓。

由於股市投資熱潮興起，和股市相關的書籍爭先恐後地出版，搶占各大暢銷書榜。然而，我時常對那些書的實用性感到懷疑，深怕那些討論短線交易的書籍會對股市新手帶來不良影響，也常看到有人會用短時間內就能致富的說法吸引群眾。

我贊同朴代表的信念，認為股市該以務農的方式耕耘，並該懷抱敬畏之心。這本書記述了他平時就很令我好奇的投資哲學和方法，內容極富說服力又實用。透過他本人憑藉股市投資創造鉅富的實證，其文字的真實性更顯強烈。此外令人欣賞的是，內容未使用專業術語，而是親切地以簡單易懂的敘述方式，教導投資人股市投資的原則。

我和朴永玉代表的緣分要追溯到十幾年前，當時我住在紐約，只能從報章新聞中得知朴代表的消息，對他十分好奇。視短線操作為理所當然的韓國證券市場，竟存在一位以正確的哲學投資且取得巨大成功的人，令我感到非常新鮮。七年前，我在廣播中說完一段大綱是「股市投資一定要做，並且需要具有長期性的投資哲學」的演說後，收到來自朴代表的訊息。他說自己的夫人偶然間聽到廣播，驚訝地跟他說：「老公，有人和你說同樣的話耶！」從那天起，我們就時常聯絡並互相學習砥礪，成為好友。

有很多人覺得投資股票很危險，但其實在漫長的人生中，不投資股票才危險。股市投資幾乎可說是平凡的人變有錢的唯一途徑。不過，如果被錯誤的觀念束縛，投資股票反而會變成壞事，因此擺脫錯誤的觀念非常重要。此書能作為絕佳的指引，協助各位建立正確的股市投資觀，實踐真正的財富和成就。推薦這本書給各位，希望能有更多人走上致富之路。

（本文作者為Meritz投信代表）

前言

你一定也能成為富人

雖然有點悲壯，但這本書將是我最後一本和股市投資相關的紀錄。我在書中毫無保留地記錄我領悟的所有股市原則。我想傳承給各位讀者，同時也帶給更多人希望。

我寫這本書只有一個原因，便是希望能記錄我的投資人生和哲學，經由文字分享給大眾，使接觸此書的人們一同加入投資的行列。期望有人可以在看到我微不足道的方法之後，產生「如果我也這麼做，就能投資成功」的想法。並期待能有更多的人在遇到困難時，參考我的經驗找到克服的方法，堅持原則投資，成為富人。

起初，我從資本額四千五百萬韓元（約合新台幣一一二萬元）作為起點，接連投資幾家公司，持股五％以上的公司投資總額甚至超過兩千億韓元（約合新台幣五十億元）。由於持股超過五%時，有公開持股數的義務，當時無意間便公開了我的資產規模。但最近我沒有再確切計算目前投資哪些公司和相應金額。這是非常令人感謝的事。僅靠股市投資，可以累積這麼多的財富，在散戶之中應該也算非常罕見。希望這聽起來不像在炫耀。

我想展現給大家看，只要有正確的投資觀念，就算以務農的方式進行投資也能成功。我認為無論是誰都可以和我一樣，藉由投資股票成為富人。我就是最好的例子。

有其他的方式能藉股市投資致富

剛開始投資股票的人常有誤解，認為要做好股市投資需要特殊技巧，不斷查詢困難的股市術語、圖表指標、種種複雜數字和市況，想學會靈活的技巧。

有些人在聽完專家的話心生畏懼，覺得自己做不到而放棄。有些人沒時間為了投資一整天盯著股市行情。也有很多人聽從別人推薦的明牌，試了幾次卻都虧損，最後和股市投資一刀兩斷。

看了這本書，你將會發現完全不需要如此。有更簡單明瞭的寬廣大道擺在眼前。若想靠股市投資度過溫馨富足的退休老年生活，投資公司和時間就可以了。

真的很簡單。但大家為什麼都做不到如此簡單的投資呢？

不熟悉資本市場和缺乏健全的投資環境和文化是箇中緣由。不過，市場參與者更該注意別被貪念、嫉妒心、猜忌這類的情緒動搖，以至於脫離正道。

別人在短時間內看似賺得比自己多，就盲目比照別人的作法，不知不覺迷失自己的方向。總是被題材吸引，被聽來不錯的推薦誘惑，試圖用那些短線漲停的個股套利。

短時間內能取得多次成功當然令人興奮。我也嘗試過短線以及各種危險的交易技巧。在證券界工作超過十年，怎麼會不知道那些方法？可是為什麼我回頭使用這種其他人認為愚笨又沮喪的方式呢？另外，又要如何使用這種方式取得如此龐大的獲利？希望大家可以仔細思考這個問題。

不用因為起步太晚而感到焦慮

接觸我的股票投資方法的人有兩種類型：一種是徹底覺悟，將我的方法當作自己的方法實踐的人；一種是說著「這和課本說得一樣好呢……」，然後直接帶過的人。前者中依照我的投資方法操作，賺進數十億、數百億的富人比比皆是。所以我至今逢年過節仍會收到許多感謝函和地方特產等禮物，其中有許多人讓我印象深刻。

有一位是國小都沒畢業的中年大嬸，曾告訴我她的生活過於困苦，覺得錢彷彿和自己有仇一樣。儘管信上滿是錯字，仍然令我感動。

她讓我想起我小的時候。我曾經因為註冊費的問題，差點上不了國中；好不容易撐到國中畢業，就到首爾的工廠工作。後來因為對學習的執著，半工半讀邊賣報紙邊上函授高中，並在獲得全額獎學金後，進入大學就讀。就學期間聽從恩師的建議，考取證券分析師證照，得以在證券公司上班這件事，成為我人生的轉捩點。不知道是不是因為這樣，那位大嬸的故事對我來說並不陌生。

她說自己一開始是從存下五十萬韓元（約合新台幣一萬兩千五百元）時著手投資。不知不覺累積到三千萬韓元（約合新台幣七十五萬元）後，開始苦思穩定的投資方式。在偶然間讀過我的書後，特意帶著自己的小孩來聽我的演講，得到很大的啟發。

不僅和子女一起挑選和研究想要投資的公司，還聽了我的建議親自訪問投資標的公司，並參加股東會。依照我的方法像個農夫一樣地投資，經過數年後，轉眼間資產已經達到五億韓元（約合新台幣一二五〇萬元）。

出於感謝，她帶著字字句句充滿淚水和希望的信以及禮物，親自來找我。

這個因緣在這之後並未中斷。她說大兒子非常喜歡餅乾，所以她從他喜歡的製菓公司中挑出想投資的公司，並一起研究公司賺錢的方式。同時還和投資的D製菓股票負責人多次斡旋，得以帶兒子訪問工廠，觀摩生產過程。兒子後來也持續陪著她一起投資、學習、討論。目前她的兒子已經大學畢業，在動畫公司就職，成為備受期待的人才。

二女兒同樣和她一起投資股票。她告訴我，她聽女兒的建議開始投資多音通訊公司[1]（Kakao），目前已持有三千五百股。從她投資的個股和規模來看，目前資產應超過幾十億韓元。據她所說，自從獲知我的投資經驗談，到目前為止，她都沒賣掉任何一家公司的股票。目前持有股票有SPG[2]、Very Good Tour[3]、高麗製鋼（Kiswire）[4]、艾仕東盛（IS DONGSEO）[5]等，投資報酬率皆有不錯的水準。

還有一個更令人開心的消息。我曾建議過，如果有機會一定要再念書。她接受了這個建議繼續進修，目前正在就讀大學。一家人的人生確實改變了。

另一位是邁入中年，因為交通意外失去下半身的人。手中僅握有賠償金八千萬韓元（約合

---

① 多音通訊公司：位於韓國濟州市的網路公司，提供多樣化的服務，包含社群、娛樂影音、財務投資、運輸等，在全球擁有超過一億五千萬名使用者，是現今韓國人票選最想進入的企業。

② SPG：原名SUNG SHIN Co.，中文譯為韓國成信，為韓國最大馬達製造公司，為三星等大品牌代工。

③ Very Good Tour：韓國非常好旅遊公司，成立於一九八八年，於KOSDAQ上市。

④ 高麗製鋼：成立於一九四五年，生產汽車、能源、建築、電子業等多領域的特殊線材產品，是韓國特殊線材的龍頭企業。

⑤ 艾仕東盛：創立於一九七五年，陶瓷、混凝土製造及建築公司，主要業務是建築業。

新台幣兩百萬元），對於未來生計感到茫然。出於無論如何都想把錢養大的念頭，盲從證券公司職員的說法買了股票，結果縮水剩下三千兩百萬韓元（約合新台幣八十萬元）。面對他寄來的那封親筆寫下的懇切求助信，我鄭重反問：「您願意下定決心像我這樣，如同農夫一樣地投資嗎？」他給了我肯定的答案。因此過去幾年，我一直騰出時間向他提出投資建議。

然而，當投資金額增加到四億韓元（約合新台幣一千萬元）上下，開始讓人安心的時候，他回到原本的投資模式。曾幾何時漸漸不再聯絡我，在不知不覺間斷了聯繫。或許是因為賺了點錢，產生了自信。也或許是覺得我的建議不怎麼樣，他靠自己也做得到。

大概過了一年左右吧，他再次聯絡我。說自己再度因為證券公司職員的話，導致投資金額減半。雖然隱約感受到他想求助，但是這次我並不想幫忙。上次也是用證券職員作為藉口，這次仍舊如此，不禁讓人惋惜。

先前選擇不間斷地實踐我提供的投資方式，也是他自己的決定。老是將成功歸功於自己，將失敗歸咎於他人的話，就算成功，最終還是會回到原點。

股市投資的路上，「看起來像捷徑」的路反而經常是死路。如果能將眼光放遠，只看原則，耐心去投資，一定會有邁向成功的康莊大道。

如果您剛好已經五、六十歲，手中沒有太多錢，絕對不要感到挫折或焦慮。情況愈是如此，就愈要放下想在短時間內賺到很多錢的野心。假如願意有條不紊地依照原則投資，將度過安逸的退休生活。我會在書裡逐一說明這些原則。

當你認為現在是最糟的情況，奇蹟就會出現

一九九七年，我在證券界累積了足夠經驗，開始有些成績，在三十七歲接任教保證券（Kyobo Securities）狎鷗亭分局長，生活扶搖直上。幸虧我們家是雙薪家庭，加上老婆精打細算，我們一點一點累積了資產。後以母親的名義買了一棟房子給她，全家幸福地住在一起。當時冀望著自己就算不是大富翁，也可以過著不用操心錢的生活。

結果爆發了ＩＭＦ事件⑥。正面衝擊股市，不僅股價暴跌，帳戶淪為空殼更是家常便飯，證券公司和銀行無可奈何地倒閉。不過，我無法視而不見客戶的損失。儘管大家都勸阻我，我還是變賣送給母親的房子，並掏出所有資產，填補客戶的資金缺口。此後，手頭只剩下郊區那間房子的月租。我們全家寄居於姊姊家達三個月，十年來累積的一切化為烏有。

任職教保證券業務部部長期間，即使市場有所復甦，生活再度變得平穩，我似乎還是會

⑥ 一九九七年亞洲爆發金融風暴，韓元大貶，韓國股市崩盤，企業接連倒閉，外匯存底遽減，韓國不得已向國際貨幣基金（ＩＭＦ）申請緊急救助貸款，因此喪失經濟主導權。

在管理客戶資產的同時，隨著市況反覆買賣房產。更何況要實行我的投資哲學也非易事。因此我決定擺脫需要跟進市況快速交易的環境，轉任能以較長遠視角投資的三星證券（Samsung Securities）簽約職員。但是，二〇〇一年發生九一一恐攻事件後，先前的噩夢再度捲土重來。績效好的時候，這些人口口聲聲說有多信任你，待股價一跌立刻改口責備，甚至盤問我明明在證券公司上班，怎麼沒料到這種狀況。我突然有種感觸，操作別人的資金真的不是一件簡單的事。證券公司的員工不是神，並不能預測市場狀況，只能考量各種變數，竭盡全力管理部位。最終我得到一個結論，想要脫離這種惡性循環，我必須成為全職投資人。

以全職投資人獨立後，我更加堅信「像個農夫一樣投資的原則」。獨立的頭十年，幾乎每年報酬率都近五〇%，稍微了解股市投資的人一定知道這有多困難。或許維持個一年、兩年、五年沒有問題，但要能撐十年、二十年卻很困難。我認為這代表著我的方式是正確的。

目前仍然有很多人對股市投資充滿防備，甚至視為禁忌。儘管如此，他們還是會羨慕從股市投資中賺錢的人。我認為人們不該將股票投資當作錢滾錢的投機，或是透過股票交易牟利的買賣遊戲，這並非我體驗到的股市投資本質。

股市投資是藉由投資一家公司的股份，分享其成果。就像是我成為經營者，間接經營許多公司一樣。經過長遠的觀察和研究，以低價買下好公司然後等待，資產大幅增值的時刻就會到來。當大家被恐懼環繞之時，就是便宜買入的絕妙時機。假如能夠妥善控制貪欲，便可取得適當的獲益。接著再次投資的話，就能一步一步累積資產。

現在回首，發現我從股市投資學到了人生。它將在貧困中掙扎的我，變成眾人歆羨的高資產人士。因為專注於投資，我好像漸漸變得更有智慧、超然，並有了深度，實在太感謝了。股市投資對我而言，不僅是開拓視野的窗口，也是鞭策我的嚴厲教師。每當我莽撞衝向膚淺的成果，就會狠狠地教訓我一頓；全心全意投入其中時，就會給予甜美的果實。

我期盼能有更多的人擁有和我同樣的經驗。這本書裡找不到在短時間內可以賺到很多錢的祕訣，也沒有可以預測和戰勝股市的方法。我在令人心驚膽戰的股市投資世界中，自稱「股市農夫」，沉默獨行。

有人說我這樣很古板，但是像個農夫一樣投資，才更接近我所領會的，正確的投資本質。走上其他人不願意走的路，方能得到更多財富。因此，我有任何理由不勸各位走這條既平穩又長遠，還能賺錢的路嗎？

股市投資的絕對原則，我的投資十大原則

最近，我將自己這三十年來的股市投資精髓整理成投資十誡。十誡是世人必須遵循的基督教十條神聖律法，教條精鍊並有其必然的真理。我寫下自己訂定的股市投資十誡後，發現非常

簡單，然而，嘗試過投資的人都會明白箇中的道理。

股市的世界裡，如果被欲望驅使，盲目追求眼前的利益，注定會失敗。股市投資和人生有很多相似的地方，如同有著兩面的銅板，有著對立之美。既簡單又困難，充滿挑戰性但令人躍躍欲試，過程艱辛卻有成就感。因此，對股市敬而遠之和放棄積極的生活沒什麼兩樣。再者，股市投資是平凡的庶民變成富人最有效的捷徑之一。資本市場愈趨成熟，分享公司成果的股市將成為更加普遍的增資工具。所以，別再繼續閃躲這種令人心跳加速的生活。

想要做好股市投資，就要建立正確的原則。比起小聰明，原則更重要。殷切期盼我的股市投資十誡可以成為各位讀者投資生涯中的引導。

股市農夫的投資十大原則

原則1．用投資人的角度

原則2．不要人云亦云

原則3．投資自己了解的領域

原則4．投資對象是公司

原則5．股東是公司的主人

原則6．與投資標的公司合作並保持溝通

原則7．在公司的成長週期投資

原則8．股市投資就像務農

原則9．永遠存在投資的機會

原則10．用正確的心態長遠思考

目次

推薦序 **當股市農夫，在股票市場「欲速則不達，慢慢來才比較快」** 周文偉 003
推薦序 **將投資股市比喻成務農，不當「獵人」，要當「農夫」** 謝士英 008
推薦序 **股市投資一定有「絕對原則」** 李彩元 011
推薦序 **和我一樣的投資信念** John Lee 013
前　言 **你一定也能成為富人** 015

〔原則1〕 **用投資人的角度** 033

中產階級、庶民成為富人最好的方法，股市投資
從土湯匙變成千億資產家
用投資人的角度看世界
要如何評估公司價值呢？
人類創造的最佳分享體制，股份公司制度和股市
如果知道股市的本質，就會看見哪裡值得投資
我選擇投資標的公司的標準
股市投資是努力多少就得到多少的事業
成功的投資人正如同成功的經營者

原則2　不要人云亦云　057

價值標準由我建立

不要貪圖不屬於自己的東西，感激獲得的報酬吧

變動的不是股價，是人心

從能放膽去做的金額入門

成為擁有獅子心的獅子型投資人吧

危機的盡頭是機會

原則3　投資自己了解的領域　073

不要試圖預測景氣和市場，專注於公司吧

投資前一定要提出的問題

是否為股東友好、開放溝通的公司？

我不推薦個股的原因

一無所知就投資，絕對會受教訓

不要試圖得到一切，三個就夠了

如果找到能夠同行一輩子的公司，就可以實現富有和安適的生活

原則4 投資對象是公司 093
世界數一數二的富者們，誰是創造財富的主人翁？
最可靠的投資對象只有公司
如果不想脫離生活在「公司時代」的現實
股市投資是最好的經營事業
當人生的「主人」，不要當「客人」
您知道錢也有階級嗎？
沒有小康獵人，卻存在富有農夫的原因
結束韓國折價（Korea discount），迎來韓國溢價（Korea premium）的時代

原則5 股東是公司的主人 113
您有很想參加的股東大會嗎？
改變陷入困境的公司也是投資人的責任
艱困的時候、疲憊無力的時候，支持公司的就是股票投資
對公司信任，才能在艱困時期投資
絕對不要投資這種公司

投資股市的五個層級，還有長期賺錢的投資方法
搭上越過太平洋的航空母艦那樣的公司
公司透過集體智慧，不間斷地成長發展

【原則6】與投資標的公司合作並保持溝通 143
選擇合作公司的眼光
小心過度美化的公司
每當遇到危機，就更上一層樓的財富法則
巴菲特也是緊抓著話筒過活
養成觀察研究公司的投資習慣

【原則7】在公司的成長週期投資 157
近乎不可能命中買賣時機
股市投資就是搭上公司的成長週期
相較於賺錢，不賠錢更重要
再好的公司也要買在低點才會成功
投資一家有信心的公司，必然會告捷

原則8 股市投資就像務農 173
農夫不會略過任何季節
用幫助他人克服危機的想法買入，用分享利潤的心意賣出
不要因為別人的田地，毀了自己的田地
從相對剝奪感中起步的投資難以成功
想要做到不失敗的投資時

原則9 永遠存在投資的機會 185
投資者總是甲方，兩千四百家公司等我選擇
二〇〇八年度前十大公司和二〇二一年度前十大公司
學習得愈多，機會之門就愈敞開
投資自己夢寐以求想收購的公司吧
想像往後三年、五年、十年的未來

原則10 用正確的心態長遠思考 211
心的器度要比錢的器度更大
股市投資並非一手交錢一手交貨的買賣遊戲
股市投資是最好的經濟學教科書

愈早透過股市投資學習經濟愈好
子女的餐桌經濟教育該從小做起
守護自己財富的終究還是自己
別急於成為專職投資人
展開一家一社（一個家庭擁有一個公司）運動吧
結語 **憧憬一個尊重投資人的社會** 231
謝辭 237

原則1 用投資人的角度

金融文盲在未來，將無法作為現代人生存，
這比任何一種文盲都更加可怕。
——艾倫．葛林斯潘（Alan Greenspan）[①]

中產階級、庶民成為富人最好的方法，股市投資

假定今天我們都是三十歲，在同樣的起跑線出發。沒有任何資產，只能憑月薪創造財富，那有什麼方法可以在二十至三十年內變成富人呢？

首先，要在職場成功。可是，如果不是律師、管理階層、醫生這類的專業人士，就算二、三十年不吃不喝，存下所有年薪，也很難存到二十至三十億韓元（約合新台幣五千萬至七千五百萬元）。

第二，可以勇敢創業。透過上市或併購獲得鉅額財富。不過這點的成功機率非常低。

第三，以賺來的年薪進行投資，累積資產。有不動產、股票、虛擬貨幣等各種投資方式。重點在於提高資本利得[②]的比重。資本利得即利用資本再次獲利的機制，也就是以錢賺錢、共享成果。

投資的優點在於能夠和職場工作或創業同時進行。近來有許多人五十歲後半便規畫退休，所以還有收入的時候，最好盡早累積資本利得。其中無論是投資報酬率，或根據努力程度的回報，投資股市都有最好的收穫。

可惜的是，許多退休族在沒能確保資本利得的時期，便急於創業，以致失敗收場。現今社會，即使努力賺錢，只有月薪也難以累積財富，預備溫暖安穩的退休生活並非易事。第四次

工業革命造成失業[3]，家庭收入更加停滯。此外，由於全力支援子女的教育費用，除了一棟房子之外，什麼都沒留下就上了年紀，更是屢見不鮮。但即使只是一棟房子，夫妻兩人也要耗費二十年以上才能擁有。因此一定要理財，而股市投資是其中最恰當的選擇。這是因為股市投資的是企業，是家庭、企業、國家中成長最快的部門。我們支付金錢來使用所有公司的產品或服務，每個月花掉的生活費最後大都進入企業的口袋。於是，得成為公司的股東才能把花的錢重新拿回來。

從土湯匙[4]變成千億資產家

「我是如何成為現在的我？」偶爾我會沉思這個問題。我不喜歡沉溺於過去，光是活在當下和打算未來就已經很忙了。不過，當我回想是什麼原動力成就現在的自己時，不禁想起曾經

① 艾倫．葛林斯潘：一九二六年生，曾任美國聯準會主席近二十年，被媒體喻為經濟學家中的經濟學家。
② 資本利得：投資的專業術語，意即以低買高賣的方式，賺取差價來取得利益的一種投資方式。
③ 指工業4.0的AI科技，導致人工需求降低。
④ 韓國常以土湯匙形容出身不好的人；反之，金湯匙形容富裕人家出身的人。

貧困的年少時期。

我的成長期正逢韓國社會產業變遷。我們一家原本在全羅北道鄉下的長水村，過著無憂無慮的生活。然而，由於父親突如其來病逝，家境一落千丈。在沒有電的山上，住著破房子的我，自然無法繼續就學。所幸我的班導不忍見到成績好的學生輟學，幫忙支付第一學期的學費，我才得以進入中學，並在眾人的幫助下畢業。

身為長男，我在國中畢業後扛起家計，到了首爾工作。四年多的期間，每天有十二個小時要在工廠聞著化工藥劑的臭味。那時候，我的夢想便是成為工廠廠長。但是，我無法放棄對學業的嚮往。就算比其他人還慢，而且只是函授高中，我也想好好讀完然後上大學。不是有句話說「窮則通[5]」嗎？到了高中三年級，我辭去工廠的工作，白天到佛光洞市外巴士轉運站賣報紙，下午則到補習班讀書。賣報紙的時候，我學到小錢的威力、做生意的訣竅以及待人接物，訓練出處世的眼光。我在故鄉種樹和務農經歷的是初級產業（農業部門），工廠上班則是二級產業（工業部門），賣報紙是三級產業（服務業部門）。

令人感謝的是高中畢業後，我獲得中央大學經濟系的四年全額獎助金，不用出去工作，只要讀書就收得到學費和生活費。那時，我感受到這個社會給予的溫暖。我曾悲觀地以為沒有錢能夠上大學，可是社會給了我機會。就讀大學三年級時，我考取證券分析師。後來我提早畢業，收到許多證券公司的工作邀約。當時韓國資本市場處於萌芽階段，我有幸在年輕時期就接觸到這個機制。自從二〇〇一年成為全職投資人，直至今日，股票引導著我的人生路。

這都是在不到五十年間發生的事。假如你看過《阿甘正傳》，會發現主角親身經歷每一個世界歷史轉捩點的歷史場景。我也在韓國發展的關鍵場面與大家一同奮鬥努力，經歷變化。曾經朝不保夕的我，如何成為千億資產家，回想當年只剩下回憶，而非痛苦？這只能說是一個奇蹟。我不只是單純的股市投資者，更能向許多企業家、經濟專家、學者、地方政府首長提出想法和建議，擁有著專屬我的視野和展望。

我認為這一切，都是拜所謂的股份公司制度和股市的偉大體系所賜。我只不過是正確、長期、安穩地跟隨著這令人驚豔的體系。我將資產慢慢累積在這個「絕對不會毀滅的體系」，帶著勇氣和耐心等待。

用投資人的角度看世界

「用投資人的角度看世界」是指看清是誰推動世界並得到社會財富。現今發展出好的股份

⑤ 語出《易經・繫辭下》：「易窮則變，變則通，通則久。」意指事情發展到極限時，就必須力求變化，變化之後便能夠通達，適合需要。

公司制度和股市體制的國家，全是產業成長的先驅國。美國總市值排名前百大企業中，絕大部分於近二、三十年間才創業，印證這些產業既年輕又有活力。亞馬遜（Amazon.com）、臉書（Meta）、谷歌（Google）……等世界總市值排行頂尖的公司，都源自一個誕生於車庫或地下室的創意。即使是現在這一刻，在世界的某個角落，可能也有一間公司正懷抱著夢想與希望誕生。這都是拜股市活躍的投資文化所賜。

如果說現在驅動資本主義體系最大的動力是股份公司制度和股市，也不為過。產業的基礎是股份公司，而股市投資是使它們不會停止運轉的潤滑劑。假如沒有股份公司，就不會有近年來的工業社會、資訊社會、工業4.0這些革命性的變遷。火車、汽車、石油、電力、電腦、網際網路等產業核心，都是因股份制度而誕生。電動車、再生能源、虛擬實境、人工智慧、生物科技產業同樣也是如此，因而能引領未來社會變革的挑戰。此外，股市投資帶給企業家在前線冒險的可能性。因為有投資人願意支持公司，買下持股，挹注大量資金，公司才能大膽突破。

具有成熟資本市場的國家又是怎麼運作的呢？股份公司不僅對投資的股東致上感謝之意，也會藉由成長盡可能回報股東。股份公司是否能提高股價成為評價經營者的重要標準。一家公司的實力在於值得信賴的透明化經營，以及提高利潤以令股價上漲和股利增加。

在美國，每年增加股利達二十五年以上的公司股被稱為股息貴族（dividend aristocrats）[6]，是極為光榮的動章。美國S&P500[7]公司中，高達六十家以上屬於股息貴族。可口可樂、嬌生、P&G[8]、3M等增加股利長達五十年以上的公司，則有十家以上。

資本市場成熟的國家會呈現良性循環。投資人根據對公司透明化經營和成長的信任，進行長期投資。企業家則相信自己只要能展現出成果，投資人就會穩定提供資金。市場有效率、有系統及遵循原則運作。這樣的信任和信用便是資本市場的資產。

可惜的是，資本市場尚未成熟的國家缺乏信任和信用，無法透過資本市場合理分享利潤。在此限制下，外資和少數企業家獨占資本市場的獲利，一般國民缺乏投資的機會。我們的資本市場尚有不足之處，仍然像是外資與企業家的專屬財產。這些人熟知資本市場，積極運用，透過它活躍地創造並壟斷財富。我們有必要好好反思這樣的結構。

想要賺錢，就該知道錢去了哪裡。如果無法用投資人的角度去看，就會遠離賺錢的機會。有太多的人認為藉由股份公司制度、資本市場、股市、公司投資賺錢的事與己無關。或推託太難、不懂，不願意接觸。這些人需要打開眼界。

---

⑥ 股息貴族：也被稱為股利貴族、紅利貴族，指連續長期都有發放股利，而且逐年增加股利的公司。

⑦ S&P500：標準普爾五百指數，簡稱標普五百，觀察範圍達五百支普通股，占美股總市值約八〇%。

⑧ 寶僑：美國跨國日常用品公司，是目前全球最大日用品生產商之一。

要如何評估公司價值呢？

很多人都會問我如何評估公司價值。首先，投資人必須有眼光，比別人更快看見世界的發展趨勢，並懂得觀察，著眼於有能力創造未來且擁有前景的公司。未來的股票市場中，價值股和成長股的分類基準將失去意義。因為當代的公司體質和能力會隨著主事者的視角和經營方式而改變。舉例來說，大眾原本認為冶鐵業的浦項鋼鐵[9]（POSCO）或煉銅業的豐山公司（Poongsan，Poongsan為事業體，Poongsan Holdings則為控股公司）只是單純的原物料外包公司，但他們現在卻已經逐步轉型為高科技產業的領頭羊。

豐山公司主要經營銅合金加工的伸銅[10]產業，以及生產彈藥、火藥的國防工業。當我二〇一九年末首次投資豐山時，由於全球景氣低迷，不禁擔憂這個占總營收不到一〇%的伸銅業務需求將減少，因此對其前景感到悲觀。不過，我還是十分關注銅材，因為所有需要用電的設備都不能缺少銅。長遠來看，當電動車市場擴大，使用電力而非石油的趨勢增強時，相關產業將會受益於此。電動車對於銅材的需求在二〇二〇年已達到四十萬噸左右，預計二〇三〇年將增加十倍，來到四百多萬噸。據說電動車實際耗費的銅材為燃油車的四倍，甚至是十倍之多。

隨著全世界對於環境永續的需求逐漸上升，比起石油，能源使用趨勢更朝向電能、風力、太陽能等發展，這對豐山將更加有利。銅因為導電性高，是能夠有效利用再生能源的材料。儘管伸銅產業的收益可能因為全球經濟或銅價變動而波動，但其國防工業能穩固現金流，並順利解決短期利空。再加上公司持有的房地產價值極高，只要善加利用即可成長為符合永續能源時代的高科技公司。尤其豐山控股的子公司DAK Korea經營二次電池[11]極耳[12]加工，供應給ＬＧ新能源股份公司（LG Energy Solution）、ＳＫ創新（SK Innovation）、寧德時代[13]等國際二次電池公司。雖然目前獲利尚低，但急遽成長中。並在日本企業曾經壟斷的市場中，積極增設工廠和投資設備，快速地搶占一席之地，備受矚目。

此外，豐山控股於二〇二一年一月迅速註銷庫藏股的五〇％（庫藏股註銷指的是降低流通股數目，以增加每股盈餘和配息率的一種股東友好政策），並果斷地以每股配〇．五新股的方式進行無償增資[14]。高股息對我而言也很有吸引力，可由此推斷公司內部正從經營者中心導向

---

⑨ 浦項鋼鐵：世界最大的鋼鐵製造商之一，財星世界五百強企業。二〇一〇年以來，浦項鋼鐵已經連續五年七次被評為全球最具競爭力的鋼鐵製造商。

⑩ 伸銅業主要業務是將銅合金加工製成銅板、銅管、銅線等，供給半導體、建築、電力產業必需的電纜和連接線材。

⑪ 二次電池：蓄電池，常見於手機、筆電、汽車等，所有能重複充電使用的都是二次電池。

⑫ 極耳：鋰離子聚合物電池產品的一種原材料。手機及筆電的電池等都要用到極耳。

⑬ 寧德時代：簡稱ＣＡＴＬ，是一家中國電池製造商和技術公司，成立於二〇一一年。

友好股東的策略。

我認為自己並非投資人，而是經營者。也就是說，我不是透過買賣股票賺取價差，而是用經營事業的心態在投資。所以，那些時常被稱為技術指標的工具是我的參考項目，但是不能當作投資的絕對標準。財務報表上以數字、獲利、穩定度、成長性等組成的財務比率也一樣。對我來說，公司價值包含夢想、希望、願景，是那些量化指標無法估算的領域。

這是一個愈來愈重視未來價值的時代。特別是轉向粉絲經濟後，客戶將掌握一家公司的生殺大權，也因此公司治理變得很重要。忽視消費者、投資人、國民的公司無法成長，也不能生存下去。食品公司N乳業⑮不正是代表性的例子？如果說傳統的投資三大要素是資本、土地、勞動力，那麼現在的重心則轉向技術和企業倫理層面。

在這個共享知識和資訊的時代，顧客選擇一家公司的標準比過去更清晰和透明。因此，一家公司如果擁有吸引群眾並留住粉絲的能力，不僅僅是單一產業，還能同時在各種產業鞏固市場主導地位，築起其他公司難以攻克的「護城河」，發展成新形態的贏家通吃機制。假設投資人能從其中發掘出具備能力及潛力讓大眾狂熱的公司，或轉型以開放的思維資源共享和合作的公司，將可透過他們無限的成長潛力達成投資成功，這是任何指標工具都無法衡量的。

人類創造的最佳分享體制，股份公司制度和股市

說明股市投資的原則之前，絕對不能省略股份公司制度和股市的意義。為了具備投資人的觀點，必須先了解股份公司制度和股市的本質。

人類最早的股份公司是十七世紀初的東印度公司（East India Company）。它是一家從英國、法國、荷蘭等國家得到東洋或南美國家的獨家貿易權，設立於東印度等亞洲地區的公司。當時印度和東南亞的香辛料和棉花價格十分低廉，所以他們派出大批商船前往購買，再將物品運回歐洲高價轉賣，賺進大把鈔票。但是要派遣這麼多船到遙遠國度，勢必要有龐大的資金。為此，東印度公司在船隊出發時招募許多投資人出資，並發行股票作為憑據。假如數個月或數年以後，船隻安全返港，就會以販賣貨品的利潤支付股利。購買股票的本金通常會再投資下一次的航行，只按照利潤分配股利。

---

⑭ 無償增資：股東無須繳付股款而取得新股的增資方法。通常是用來贈送給原來的老股東，其目的並非直接籌資，而是為調整資本結構或把積累資本本化。

⑮ 指南陽乳業（Namyang Dairy Products Co. Ltd.），其會長洪源植（Hong Won-sik）二〇二一年因散布旗下優酪乳產品可有效預防新型冠狀病毒等不實資訊而辭職。

股票票據發行曾於荷蘭、英國港口的咖啡廳進行，這即是股市交易所的起始點。當時投資對象公司的商業模式多半是「貿易」，股票市場就如同降低遠距航海風險的工具。初期費用高、成功機率低，不過一旦成功便能創造可觀的附加價值，許多產業因此跟著嘗試，開採礦山或資源也成為股份公司主要的事業項目。

代表資本主義體系的股份公司制度和股市，結合工業革命，發揮真正的價值。

以目前民生和產業基礎的電力為例，麥可・法拉第（Michael Faraday）發現電磁感應原理，並發明第一台生產電力的電動機。但是，實驗室產出的電力過少，無法應用於實際生活。過了不久，湯瑪士・愛迪生（Thomas Edison）發明電燈泡，於紐約曼哈頓開設了最初的集中式發電廠。之後，西屋電氣[16]（Westinghouse）更首創可供給整個都市電力的系統。無數的科學家投身電力商業化。

然而，幾乎沒人知道在這背後存在著股份公司制度。愛迪生發明電燈泡時，是現在極具代表性的投資公司摩根大通[17]（J.P.Morgan）出資。隨著尼古拉・特斯拉（Nikola Tesla）任職的西屋迅速成長，投資人合併愛迪生的公司和其他幾家公司，創建了史上第一家大型電力公司——奇異（General Electric）。於西屋和奇異的競爭之下，美國電力產業輝煌成長。在電力正式供給後，許多產業得以發展。這全都是十九世紀末到二十世紀初之間所發生的事。

假如沒有股份公司制度，需要龐大的開發費用和設備投資經費的電力商業化就不會實現，也不會有這麼多產業因此誕生。

當時的投資人成為今日華爾街的根基，至今仍叱咤世界產業。表面上雖然是公司推動產業發展，但在背後控制財源的卻是金融資本。金融資本提供產業興旺的動力，同樣也帶來許多成長果實，持續活用股份公司制度累積大筆財富。

如今，股份公司制度在世界各地都證實是最好的體制。不管是誰，就算沒錢，只要有創意和熱情就能創業。擁有獨創的商業模式，就能「夢想成真」。股份公司制度成熟的國家不僅是公司和投資者，連國家都很富有。大部分的國民都懂得投資的重要性，投資人受到尊敬和重視。整體社會的成長將成為國家的財富，並使全體國民受惠。

如果知道股市的本質，就會看見哪裡值得投資

很多人在不清楚什麼是股票的情況下開始投資。這裡不是指困難的術語或概念。股市專家

⑯ 西屋電氣：一八八六年成立，是美國著名的電氣設備公司。

⑰ 摩根大通：現今的摩根大通於二〇〇〇年由大通曼哈頓銀行及J．P．摩根公司合併，業務遍及五十多個國家，包括投資銀行、證券交易及服務、投資管理、商業金融服務、私人銀行服務等。二〇一一年，摩根大通的資產規模超越美國銀行，成為美國最大的金融服務機構。

時常強調散戶沒有獨家資訊和知識，對投資股票非常不利。可是，那是不正確的。說難聽點，那根本是他們想阻止散戶在股市賺錢的狡猾騙局。

股市投資是將一家公司分割然後擁有它的方式。為了分享公司的成果而投資公司並接收股份。現在先付資金，以後再拿到成果。公司經過一段時間的努力得到成功後，投資人將根據自己投資股份的多寡得到利潤。如果沒有股市，我們如何取得那些厲害公司的所有權？當他們賺錢時，要如何分享利潤？

股市投資須以大方向當作出發點。從長遠來看，現在的股市中誰獲益最多？正是經營公司的企業家和富有的資本家、外資。這些人希望散戶跟著進場，作為自己棋盤上的小卒。

然而，追逐短期獲利，頻繁買賣股票很難賺到錢。股市投資並非交易遊戲，那些熟練的買賣技巧，只是非常微小且次要的因素。

我們每天使用、享受各家公司提供的商品或服務。公司構成、推動和維持我們的生活，持續大幅成長和創造利潤。同時，公司以更快的速度變化、成長與衰退，有望成為明日之星的新公司相繼誕生。在如此變化中，股市投資是我率先配置資本以搶占成長果實的機會。也就是說，利用我擁有的資金搭上被稱為股份公司的成長巴士（bus）。

我以前沒注意到，用投資人的角度看事情會有許多不同的發現。能穩定獨占我們日常生活的公司，開始吸引我的目光。仔細觀察那些公司，找尋適當的時機投資，之後就只要等待它們成功、成熟就行了。當然，期間股價會波動，但因為各種原因漲漲跌跌的股價，最終還是會回到公司的內在價值。當我曾經關注的公司潛力爆發，許多人在那一刻認識到它的價值。即使遇到無數誘惑、仍不間斷投資的我，所付出的努力取得回報，大放異彩。像這樣，與公司合作、交流，共享成就，才是投資股票的本質，同時也是妙趣和意義。

有太多人不清楚這點，以為買賣股票是本質，就加入市場。他們認為只要比別人動作更快，並且掌握買低賣高的交易技巧就夠了。結果每次都失敗，得出「投資股票會身敗名裂」的錯誤結論，從此錯失投資的機會。比方來說，明明有康莊大道，何必執意徘徊窄小黑暗的路，還自以為已經到盡頭，提前放棄。

我認為「企業家精神」（entrepreneurship）和「開拓精神」（frontier spirit）是投資人最需要的素質。企業家精神涵蓋經營公司需要的氣質、精神、熱情、能力、知識和價值等概念。我不會只憑數字評價公司，我把公司當作是自己的，以經營者的角度努力查看所有面向。開拓精神換句話說就是挑戰精神，如果缺乏想讓明天變得更好的想像力和挑戰精神，世界就不會有發展。因為如此，我偶爾會嘗試具挑戰性的投資，而不只局限於保守的投資。股價即使稍微偏高，但它的未來價值值得信任，我就會勇敢投資。

我總是將投資標的當作「我的公司」，因為他們發展的時候有我存在。投資人提供資金作為公司的動力，努力換取成果。然後，公司分享那個成果給投資人。由於這種良性循環，我得以致富，還有許多公司成為我的夥伴。當我選擇一家公司作為合夥人並開始投資時，我不只是單純的投資，還會以熱愛公司的消費者，乃至經營者的心態支持公司。我認為這正是投資人必須擁有的態度。

我長期投資一家名為艾仕東盛的建設公司，他們在釜山二岐台的廣安大橋旁建設的W公寓，現在是釜山地標。不過，當初曾因待售單位太多，遭逢許多困難。在當時，想在釜山銷售高檔公寓其實是很冒險的事。負責銷售的開發商和業主討論後，決定選我為大廈廣告代言人，掛出「股市農夫朴永玉代表選擇的W公寓」的標語。通常說到房屋買賣廣告都會聯想到漂亮的女演員，這算是一種另類選擇。此外，我因為想幫忙他們，買下其中一套尚未賣出的公寓。理所當然沒有接受任何優惠，以原價購入。當時購買價格約為十三億韓元，現在已經漲了一倍以上。公司只要成長並提高品牌價值，房價自然也會上漲。我原本堅持不投資房地產，卻促成一場成功的投資。

當我投資生產小型電動車的CammSys[18]時，出席了直營店開幕典禮。投資以賭場和度假村事業為主力的百樂達斯（Paradise）的時候，只要有空就會到全國各地的賭場和度假村工地拜訪。而投資生產輪胎的耐克森（Nexen）時，不僅閒暇就會訪問公司，也大量購入耐克森生產的Saintnine高爾夫球當作禮物送人。我親身成為宣傳大使，把自己當作公司的經營者，無論到哪裡都會幫忙宣傳並為公司加油打氣。

不僅如此。我還因為投資SK電信（SK Telecom），所以只使用那家電信公司。投資現代汽車（Hyundai）就不乘坐進口車，只喜歡雅科仕[19]（Equus）。投資主打胜肽合成的綜合保健公司Caregen[20]，便只使用他們生產的洗髮精和護髮素、頭皮護理產品。看電視時也是看我投資的韓國經濟TV，自行車則愛用三千里（Samchuly）產品，旅行找Very Good Tour安排，食品和餅乾也都是買投資的公司所出的產品。

除了自己使用以外，我也推薦給身邊的人，並時常購買產品送禮，緊緊抓住顧客。但認真來說，我使用這些產品和服務，餽贈給親朋好友獲得人心的全數費用，都是源自投資獲得的利潤。假如我沒投資，恐怕會吝惜這些花費。投資以後，我才會欣然使用，樂於宣傳，並感到驕傲，這即是投資人立足於所有權和企業家精神的基本心態。

---

⑱ CammSys：前身為Cuzco LBE公司，主要產品有手機照相模組、生物辨識技術、超小型電動車等，是韓國行動電話照相模組與半導體設備供應商，成立於一九九三年。

⑲ 韓國現代汽車的頂級車款。

⑳ 韓國胜肽供應商，台灣較為熟知的旗下品牌為DR CYJ。

我選擇投資標的公司的標準

公司經理人代替我經營公司，取得成果再交還給我。要到哪裡找到這麼好的合夥人？如果從這種觀點著手，穩紮穩打地從周遭的公司開始研究，便可找到想要投資的公司。

我通常都是從生活周遭找到投資的公司。假如投資一家公司並因此取得成功，研究那家公司的過程中，自然會看到其他公司。我一直是以自己熟悉的公司為投資重心，就像踩著墊腳石那樣。我當然也看到了那些目前股價高漲、人氣高的公司，但那不屬於我，而是屬於熟悉那些領域的人。我認為只要不是我研究過的領域，就不該投資。

Kukbo Design是商業裝潢界首屈一指的公司，聽過這家公司的人也許不多，不過從年輕人分享於社群媒體的打卡勝地中，可以看到許多這家公司的作品。這家公司在追求頂級和規模的室內裝潢界保持無可匹敵的地位，其他小型公司根本難以相提並論。它無論是技術、業務和財力都有優勢，時常簽下數百億韓元的大型標案。不僅是江南[21]S Tower、濟州神話世界、華克山莊、樂天塔SIGNIEL首爾酒店等大型標案，也接下許多海外數一數二的工程。十年前裝潢界龍頭曾幾度換人，但現在已經沒有可和它匹敵的競爭者。在黃昌淵[22]代表的經營能力、職員們的所有權意識和工作能力、傑出的設計感和業務能力、資本等相互配合之下，公司有了成為首席的力量。業界公認Kukbo Design分紅給優秀員工的待遇優渥，故吸引眾多人才，這也是公司一直能夠稱霸的原因。

當酷澎[23]、Naver[24]、Gmarket等電子商務市場擴大時，我觀察了其中誰會是隱藏的人才。平台若能獲得超過一定比例的客戶就會賺錢，可是以酷澎為首的電子商務公司，至今仍未擺脫赤字。我因為重視股利，不投資虧損公司，所以試著尋找其中真正賺到錢的公司。這時映入眼簾的正是世邦（Sebang Co. Ltd.），位於釜山的一家物流公司。這家公司無論景氣好壞，始終維持獲利。電子商務市場擴大後，雖然不到暴富，也還是穩定獲利並持續拓展。新冠肺炎疫情導致全世界物流大亂期間，像現代商船（HMM）這類海運物流公司股價大幅上漲。對那些平時吃的、用的消費品而言，最基礎的需求便是物流。再加上它是製造產業和車用電池的世邦電池（Sebang Global Battery）最大的股東，光是持有總市值超過一兆韓元（約合新台幣二五〇億元）的世邦電池股份這件事，就可知道目前總市值不到三千億韓元（約合新台幣十二億元），明顯是被低估。

㉑ 江南：韓國首都首爾的一個行政區，位於漢江以南，是首爾的重要商業地帶。

㉒ 黃昌淵：音譯。

㉓ 酷澎：Coupang，二〇一〇年成立的電子商務公司。

㉔ Naver：被喻為韓國亞馬遜，為韓國國內最大零售電商，也是韓國第一大入口／搜尋引擎網站。

我也曾於和家人一起出國，往仁川機場途中，經過仁川大橋時發現適合投資的公司。看著連接巨大電纜的橋梁，突然好奇是誰製造了那些電纜。查詢之後，我才知道是一家叫作高麗製鋼的公司。這家公司不但有汽車、船舶、電梯、通訊、電纜中的鋼纜、鋼絞線、PC鋼線等製品，甚至也生產鋼琴弦。獲利隨著原物料價格波動，屬於景氣敏感類股。不過，這家公司擁有其他潛力。它在歷史悠久的釜山水營區工廠腹地建立紀念館，並將那一帶打造成旅遊勝地，聚集Terra Rossa咖啡館、圖書館以及演奏廳。將工廠用地改造成社區生活空間後，土地用途也隨之改變。不僅回饋當地居民，同時也提升了資產價值。此外，這家公司另一個價值便是保有許多成長動能，包含旗下子公司KAT，主要生產供給人造太陽（新一代核融合裝置）的超導線材。

假如這樣全面觀察想投資的公司，就會發現藏身於平凡外表下，他人所不知道的魅力。投資人不需要盯著那些總市值高、大家都喜歡的公司，可以從自己觸手可及、熟悉的公司著手。要是身為藥師，相信您會比任何人都了解製藥公司，甚至連哪種藥品比較熱銷、哪些利潤較高都會知道。

只要能夠像這樣，從自己熟知的領域中找出享有獨占地位的公司就好。不懂其內在價值的人愈多則愈有利。如果公司固定配息並努力成長，股價必定會隨之上漲。期間只要耐心觀察且相伴，於成長週期投資即可。反覆幾次這樣的過程以後，股市投資將不再困難。

股市投資是努力多少就得到多少的事業

雖然我說股市投資很簡單，可是不代表能夠不勞而獲。有些人甚至覺得不努力得到的果實更甜美，這是大錯特錯。比起錢賺了多少，錢怎麼賺更為重要。假如賺得有價值，也花得有價值，這筆錢就能在社會各個角落發揮作用，幫助大眾發展。不過，假如靠運氣賺錢，揮霍在毫無意義的地方，只會讓辛勤工作的人們產生剝奪感，將會降低這筆錢的價值並導致惡性循環。而且這麼一來，也很難賺進大筆財富。

相較一般投資人，我對資本市場有較多研究。過去我準備過會計師考試，對公司經營和會計知識有一定的了解。任職現代投資研究所時，也曾每週定期出刊一本股市資訊。在證券公司幫客戶管理資產時，除了每天提心吊膽進行交易，亦任職投顧公司。在這個圈子打滾超過十年，甚至在證券公司工作時，還能按照順序背出股市所有的產業和個股。藉由拜訪公司，也了解到經營狀況，只要輸入行業關鍵詞，腦中就會冒出相關數據。但是，我仍然每天努力學習，因為還有太多我不知道的事。由於我的原則是不懂的就不投資，只能更加用心學習。

凌晨醒來後，除了國內股市，我還會看看海外股市，然後以新聞收尾，以防錯過國內外政治、經濟、社會、文化脈動和趨勢。更不厭其煩到各地探訪、參觀公司，一整天抓著電話彙集相關資訊。這全部的努力都是為了選出想投資的公司，與之合作和溝通。若是能像這樣維持投資人的視角，那些無意間錯過、極小的資訊可能也會成為關鍵的啟發。

想要比別人多賺兩倍，就要多努力兩倍。想要多賺十倍，就要多努力十倍。付出努力，不會沒有收穫。我的一天通常從清晨五點開始，可是習慣在凌晨三點就先到書房打開電腦，紐約股市收盤前一定會醒來。即便我沒有投資海外公司，還是保持關心，查看美國、歐洲、南美、印度等主要國家股市。現今世界經濟連動，無法疏忽任何一個環節。不僅是經濟新聞，也關注政治、社會文化、軍事、氣候、環境、技術等重要事件，在看似和股價無關的資訊中，往往會意外發現投資的線索。

如果我有任何問題，等待公司相關負責人（發言人、投資人關係聯絡人）九點上班的這段期間總是特別難熬。我會先仔細筆記，上班時間一到，立即致電詢問。當日常生活全部與投資連結後，就連通勤時也會不斷通話尋求情報。假如今天看到的新聞內容可能會影響投資標的公司，便立刻聯絡相關負責人詢問意見。就同一個問題四處徵詢想法，並綜合評估。

我也會觀察周遭人們平時的行動或表現。還因為問題太多，而被訓斥：「有必要連這個都問嗎？」不光是拜訪公司，家族旅行時我也會到處走動，對每件事充滿好奇。家人看到這樣的我，偶爾會感嘆好像是小孩被帶去玩水一樣。不管到哪裡，我絕對不會靜靜待在原地，總會不顧眾人視線，隨心所欲盡情探索、蒐集和研究。最近，只要有網路就可以查到所有事情，真是太幸福了。

當別人知道我的日常和嚴格日程表時，常會問我：「您已經這麼有錢了，為什麼還要這麼忙碌？」我經常為了節省時間，隨便應付用餐，連短暫躺在沙發上小憩的餘裕都沒有。也許有些人看到我的模樣，會取笑說：「成功有什麼用，還不是只能那樣生活……」但是，我對於這樣的自己感到很滿足。或許我放棄了一些事物，取而代之的是可以回饋這個社會，哪怕只有一點點，也讓我產生很大的成就感。對我而言，投資獲利絕對不是非勞動所得，而是高強度的勞動結果。此外，股市投資是我生活的原動力，使我每天有所成長，並帶給我成就和幸福的徽章。

成功的投資人正如同成功的經營者

我在年輕的時候，便認為投資股票是不錯的事。縱然嘗到失敗的滋味，就當作繳學費。失敗是通往成功的捷徑，只是要有覺悟，願意擔下責任，正視失敗的原因，才能克服難關取得成功。反覆同樣的錯誤，卻不停抱怨或責怪他人，無法從中學習任何經驗。

投資人所需要的養成和成為經營者相同。若透過股市投資體驗複利的奇蹟，就會明白每一分錢都有價值。年輕時賺的錢比較少，容易覺得「積少無法成多」，更何況還有許多需要花錢的事。然而，開始投資以後，將不會隨便看待這些小錢。假如每個月存下十萬韓元（約合新台幣兩千五百元）買股，十年後本金就有一千兩百萬韓元（約合新台幣三十萬元），假如一年獲利一〇%左右，以複利計算，將達二〇六五萬韓元（約合新台幣五十一萬六千元）。

另外，買股後，如果深入研究投資標的，自然而然會對那家公司所屬產業感興趣。當您用投資人的角度看世界，目光焦點將會擴展到整體產業和經濟，並隨著時日而增加見識，度過一天二十四小時的方法也會有所不同。以前每天玩三、四小時打遊戲或看電視的人，開始投資後，因為對賺錢產生興趣，會捨不得花時間在那些事情上。

股市投資和上經營課沒有差別。一般人可能不清楚，很多財團會將第二代、第三代送進證券界工作個幾年，藉此讓他們學習經營。不僅是自家公司的產業，更要擴展視野，涉獵各種領域，以累積實戰經驗。甚至有時候他們不會支薪。所謂「有錢也難買到」的寶貴經營課程，就是股市投資。

假如親身學習體驗，努力投資個十年，不但可以在這段期間賺到財富，更如同取得經濟學博士學位。因此，我有任何藉口不勸各位投資股票嗎？

原則2

不要人云亦云

「市場先生[①]」就像一個躁鬱症患者。
當股價上漲，他會興奮地以高價買進股票；
當股價下跌，他會突然陷入憂鬱，以低價賣出股票。
——班傑明．葛拉漢[②]（Benjamin Graham）

價值標準由我建立

在眾多資本市場中，股市建立的評價標準相對科學化。但是因為多數的投資人抱持不同的價值標準進行交易，導致價格浮動劇烈。

常聽人說，好的股票要買得便宜。這裡的「便宜」不是形容股價。假如股價高於公司價值就算昂貴，低於公司價值則便宜。沒有任何標準公式能夠完美衡量是昂貴或便宜。不過有幾個大眾通用的工具，像是指標性的標準本益比③（市盈率，PER，Price Earning Ratio）。計算方式是以目前股價除以每股盈餘，假如股價是四萬元，每盈餘利是四千元的話，本益比為十。簡單來說便是投資的資本能於幾年內回收的指標。本益比愈低，表示股價低估；本益比愈高，表示股價高估。通常大於十可以視為高估，但根據產業的不同，標準會不太一樣。

另一項標準是股價淨值比④（本淨比，PBR，Price Book-value Ratio）。計算方式為股價除以每股淨值，代表公司結算時股東可分到的分量。假如本淨比等於一，代表公司的淨資產和股東可分得的份量相等；本淨比小於一，則股東可得份量愈多。這也是股價淨值比愈低，投資誘因愈大的原因。除此之外，還有許多應用於評估股價的標準工具。

做投資決策時也可以參考證券公司（券商）間的共識，也就是公司業績前景分析。在某種程度上，可以把包含海外投信在內的多家券商發表的股價平均預測值，當作客觀標準。但是，單憑共識就能預測股價，投資股票豈不是易如反掌？券商的研究報告的確值得參考，我同樣不會錯過那些和目前研究中的公司相關的資料。可是，僅止於參考。我關注的大多數公司不常出現在一般報告。有人會根據券商報告多少決定是否投資，但那是不正確的。分析師一無所獲的地方，反而可以找到隱藏的寶藏。

比券商研究報告更需詳加閱讀的是公司自行編製的業務報告。另外，相較於這些資訊和資料，更重要的是投資人自身判斷的價值標準。須能多方考量公司擁有的價值，像是商業模式、經營者的能力和道德標準、未來成長性和報酬率、企業文化、幹部能力、競爭公司體系、配息能力和意願等。

假設有一家經營貨運轉運站超過三十年的公司，原本資產規模約八百億韓元（約合新台幣二十億元）的公司因為持有土地漲價，資產增至五千億韓元（約合新台幣一二五億元）。現在

---

① 市場先生：出自於班傑明．葛拉漢的著作《智慧型股票投資人》（*The Intelligent Investor*）書中提到的虛構人物。

② 班傑明．葛拉漢：被稱為價值投資之父，著名弟子是被譽為股神的華倫．巴菲特。

③ PER：價值投資中一定要了解的估價方法，可以快速判斷股價現在是昂貴或是便宜。

④ PBR：是用股價除以每股淨值，單位是「倍」，代表目前公司市值是淨值的幾倍。一般用來衡量股價是否符合公司目前的價值。

每股資產淨值上升了，那這家公司可以投資嗎？想要立刻得出結論尚嫌太早。這家公司年營收大概是兩百億韓元（約合新台幣五億元），每年上升超過二％，營業利潤約莫二十億韓元（約合新台幣五千萬元），淨利則落在三億至四億韓元（約合新台幣七五〇萬至一千萬元）。資產價值不過隨著地價上漲才提升，很難判定公司的實質價值是否成長。

若是產業本身已漸漸成為夕陽產業，擁有卓越經營能力的創辦者又已退休，由尚不清楚是否勝任的第二代接棒，這個公司將變成什麼樣子？抑或原本實力雄厚的公司大股東突然換人，讓貪污分子坐上經營者的位子，又會如何？

這就是為什麼我會建議正式投資一家公司前，至少要研究觀察三、四年。必須先仔細追溯過去十年的歷史，一一審視其資產價值、獲利價值、配息、經營者、職員、企業文化、產業前景等，是再基本不過的事情。並要以此為基礎，找到「我自己的價值標準」。儘管資產價值下跌，但經營者具有優越能力的話，仍舊有機會加分。配息報酬率高，財務結構卻不健全，就可能要降低設定價值。投資人要能按照自身的價值標準來評估和投資。後續再透過實戰經驗加以驗證，進行補強或修正。

主觀意識會介入所有決策的最後一刻，價值判定終究是每個人自己的抉擇。搜尋資料和學習研究則是為決策增加信心的方法。同樣的資料，有些人覺得毫無意義，有些人卻從其中發現未來展望。我不會草率假定自己「了解」，所以才勤於拜訪商場和公司觀察員工的表現、在附近餐廳詢問公司概況、到房仲公司打聽持有土地價值、隨時聯繫公司股票負責人、抽空參加股東會。我不間斷地學習研究，就是為了找到專屬於我的價值標準。

想要評估公司價值需要某種程度的洞察力。由於洞察力與過往的經驗、知識、思考方式、傾向、看待世界的態度或觀點有關，只能整合經驗和知識來體現。每天以經營者的角度研究和思索，並付諸行動的話，零散的資訊將會不知不覺合為一體，產生洞察力。

「這樣的話，投資單一支股票花費的時間也太久了吧！」的確如此。如果還有其他工作，要在兩三年間研究出三、四家公司並非易事。隨著逐漸了解公司，才能提升信心並慢慢買進。以我的經驗，納入一家公司的股票至少需要一到兩年。假如是普通上班族，無妨用三、四年慢慢研究，再決定是否買進。

現在您手中的錢是努力工作得來的珍貴資金，不可輕易投資不透明的公司。由於股市投資取決於公司的未來，無論選擇什麼，都無法取得百分百的保證。不過，最少要有九〇％左右的自信心，剩下的一〇％則要等到投資後，與公司交流，不斷觀察和分析，才會有足以把握的合理懷疑範圍。假如能這樣細水長流的投資，一定會有好的成果。

不要貪圖不屬於自己的東西，感激獲得的報酬吧

買股之前，我會充分評估公司的價值，買股當下先算出適當的目標股價和預期報酬。即便如此，我幾乎沒有達成目標股價後、賣在頂點的時候。不但無法像股民常講的賣在肩部，反而時常賣在頸線[5]。有人會取笑我這樣的投資模式，明明能夠賺更多錢卻做不到。然而我不喜歡像是榨汁，硬是要擠出最後一滴般強求獲利。長期投資下來，我意識到那樣做並不能帶來可觀利潤。就算股價看似仍會上漲，只要到達目標股價就該賣掉。因為達到我設定的價值時，就是我獲利的時機。

我在二〇〇一年投資的高麗開發（Korea Development Corporation，二〇二〇年七月被Samho股份有限公司合併，更名為Daelim建設。之後Daelim建設於二〇二一年三月將公司名稱改為ＤＬ建設）便是其中一例。九〇年代後期，營建業景氣轉繁榮。但高麗開發早於一九八七年巨濟島古縣灣填海工程期間破產，被併入Daelim集團。在這之後，巨濟島的重工業開始發展，地價水漲船高。公司本身經營穩定，發行資本高達三百億韓元（約合新台幣七．五億元），盈利則超過一百億韓元（約合新台幣二．五億元）。股價面額（五千韓元）落在最低點時也有五百韓元左右的股息。面額的基本配息報酬率有一〇%，殖利率[6]有一五%至二〇%。經由拜訪龍山總公司，我發現公司管理非常透明，也幾乎沒有負債，認為這家公司一定能夠穩

定創造收益。除了作為製造業，資產中擁有大量相當於存貨的不動產。法院監管期間，於債權銀行的強烈干預下完成重組，財務狀況非常簡單、健全，員工滿意度也很高。在我心目中高麗開發的股價落在二萬至二・五萬韓元之間。

從二〇〇一年起，我開始買進他們的股票。當時買入價格在三千兩百至七千韓元區間，期間因為九一一恐攻，股價曾跌至五千韓元左右，我將其視為一個機會，大量買進並開始等待時機。三不五時就拜訪總公司、古縣灣基地，以及開發溫泉的天安，和當地所長們聊天、喝酒，還拿出所有權狀。因此，我變得比公司員工更了解公司狀況。起初我將目標價值設定於二萬元，但由於公司頻繁有償增資，實際收益約一・五萬元左右。公司增資後，積極舉辦說明會並對機構銷售，致力於刺激股價，股價便因應上漲。

不過，我的務農計畫僅止於此。當收穫的時刻到來，便該賣掉股票分享成果，另尋其他公司投資。我雖然知道它仍會上漲，還是果斷賣出，此後不再留戀，只留下對獲得報酬的感謝。

重要的是對達成原本期待的報酬「心存感激」。在賣股後上漲的部分，都不屬於我。我只要將獲得的報酬再投資其他的好公司就行。在那之後，高麗開發股價漲到四萬韓元左右。原本

⑤ 頸線：一種支撐線，出現在頭肩頂形態中，是判斷頭肩頂形態是否會真正轉化為價格大幅下跌狀態的關鍵。

⑥ 殖利率：計算方式為「現金股利÷股價」，股利愈高、股價愈低，則殖利率愈高。

應可得到更多獲利，這樣的結果算是判斷錯誤嗎？現在看來的確會這麼認為，但是如果回到那個時候，我還是會做相同的決定。

高麗開發獲利了結後，我買了KCC建設（KCC E&C）的股票。它的流通股本比例高，每年獲利約有三百億至四百億韓元（約合新台幣七．五億至十億元），股息殖利率也很高。當時我是這麼判斷的，增資前雖然是高麗開發的價值看起來比較高，但之後KCC建設更勝一籌。高麗開發是我首次投資的營建股，學習過程中進而發現KCC建設。基於是第一次買營建股，非常用心研究。大量學習後，明白了建設公司運作和獲利的方式，也因此得以投資該公司。

公司就像生命體，如果無法隨著環境變遷而進步，就只能退化。所以我不推薦買股後，毫無目標擱置的那種「長期投資」。與公司合作期間，股價能夠達成我設定的價值就足夠了。如果獲利脫離自己設定的判斷標準和原則，將不再屬於我。假如尚未研究的公司股價上漲，也不屬於我。只要這樣思考，就不會浪費不必要的情緒，對下一次的投資也會有顯著的正面影響。

變動的不是股價，是人心

股價永遠都在變，而且很多時候沒有原因，畢竟公司價值也不是每天改變。只要不賣出股票就不會實現損益，股價波動只是一種日常。

但是很奇怪的，我們的內心很容易被股價影響。股價上漲，心情就會變好；股價下跌，則會變得沮喪。股價若是上漲，便開心地請朋友喝一杯，或爽快買下曾猶豫是否該買的東西。股價要是下跌，就好像世界末日來臨，不停嘆息。

有時候，股價會無端上下起伏。同一支股票昨天分明上漲一．五％，今天卻跌了一．五％，這並不是公司昨天產品賣得很好，今天少賣一．五％的關係。偶爾也有股票缺乏利多消息，卻持續上漲一個月，然後突然間打回原形。甚至昨天漲停板⑦的個股，今天也可能暴跌跌停。所以只要安然面對「股價老是上上下下」這件事即可。

投資人當然該確認檢查暴跌或暴漲的根本原因是否源於公司。可是，如果定期與公司交流，清楚知道正逐漸達成目標價，就不需要被波動的股價動搖。

隨著股價波動，內心也隨之動搖的原因，在於您不是在投資一家公司，而是熱中於買賣交易的行為。假如有一家餐廳對自己的菜單和行銷都很有自信，會因為今天下雨客人變少就決定關門嗎？當然不會。然而，當缺乏和投資的公司共同經營的心態時，就很容易動搖。

---

⑦ 漲停板：按照目前台灣現行法規，上市上櫃掛牌股票當天股價最高限制價格（部分股票除外），以前一日收盤價的一〇％為限。

我經常拜訪工作現場和員工交流，充分溝通。往往會因為沒有一次買進想要的數量，結果股價快速飛漲而惋惜。反之，如果有尚未買齊的股票價格下跌，就會很開心。不過已經買完，股價卻下跌時，心情也不會太愉快。我認為自己並未表露情緒，我太太卻說能從我微妙的心境變化中感覺到。但是，我的情緒波動轉眼就會消失。

若不能在股價波動時堅定心志，就很難擺脫人云亦云、跟風買賣這種盲從他人的投資方式。穩定動搖的內心唯一的方法，就是多了解我投資的公司。

從能放膽去做的金額入門

如同許多專家的忠告，我也建議「絕對不要借錢投資」。不是因為股票是伴隨風險的資產，而是因為股市投資具有相當的波動性，因此心理因素極端重要。假如不是以閒置資金投資，而是利用貸款、有急用的大筆資金或生活費，將難以維持心理平衡。

股市投資屬於一種積極的投資方式，有損失本金的風險。無論再怎樣反覆思量，或投資經過長期一定會成長的公司，某些特定區間內的股價仍有機會下跌。

即便公司表現良好，也可能因外部因素影響而暫時下跌。有時候，下跌或橫向盤整趨勢會延續一段時間。有能力的公司最終能挽回損失，重新向上。但是，若投資人的資金來自貸款或急用資金，就等不了。而會被「舉債投資」誘惑，肇因於人們想以超越現有資金的金額投資，貪圖在短期間內就能賺到更多錢。但世界並沒有這麼簡單，絕對不要操之過急。儘管金額再小，只要掌握知識和投入時間，肯定能夠取得收益。

成為擁有獅子心[8]的獅子型投資人吧

很諷刺的，讓我重新思考股市投資的契機，是經歷慘敗之後。一九九七金融危機當時，我辛勤奮鬥只為保全客戶的空殼帳戶，才領悟到投資的本質。危機無法預測。如果反覆遭遇，的確會變得習慣，但如果不是先知，很難預知將來要面臨的變動的規模和威力有多大。經歷危機，我還明白另一個道理。危機是可以克服的，危機就是轉機。事實上，每次遇到危機，我的資產都擁有飛躍性的成長。讓我走上全職投資這條路的九一一恐怖攻擊事件，以及接下來相繼出現的危機盡皆成為我增加資產的機會。

和其他領域一樣，股市中能將危機化作轉機的投資人並不多見。因此，這些人常被稱作「超級螞蟻」[9]，以便和一般散戶有所區別。但是，這無異於貶低投資人自己的努力和成就。

---

⑧ 形容一個人有顆像萬獸之王的心（lion heart），比喻勇敢。

即使這些成功的投資人備受崇拜，卻不過被加上「超級」兩個字，未能擺脫螞蟻的形象。甚至以前還會用熊、泥鰍、烏魚、細爪章魚等稱呼，貶抑在股市獲利的人。這就是每次別人將我冠上超級螞蟻稱號時，我會如此抗拒的原因。

我將這些大膽投資、戰勝危機而成功的人們命名為「獅子型投資人」。無關資產規模的大小，單純希望大眾能將這些把散戶的弱勢轉為優勢、強化人性的軟弱、將危機化作轉機的投資人稱為「獅子型投資人」，取代螞蟻這種名號。此外，我也期盼各位能致力於擺脫「螞蟻」的身分，成為勇猛的「獅子型投資人」。

金融危機爆發的一九九七年年底，KOSPI[10]指數出現三四三點，曾經上看一千點的指數暴跌到十年前的水準。指數代表平均值，可知有許多股票跌得更慘。曾經高達一．二萬韓元（面額五千韓元）的大宇證券[11]（KDB Daewoo Securities）特別股跌至一千兩百韓元，剩下十分之一，持有的股票還有救已是萬幸。當時很多公司破產倒閉，股票轉眼變成壁紙。借貸買股的人瞬間負債累累，券商職員也頻頻有人尋短。像這樣的經濟洪水來得毫無預兆，金融危機發生後，韓元兌美元匯率從八百比一下跌至一千九百比一，三星電子[12]（Samsung Electronics）股價暴跌剩下三萬韓元。匯率、股票、債券經歷如此暴跌，自然輕易地落入外資手中。

對於投資股票的農夫而言，總體經濟危機就像無法預測的天災。說颱風要來，農夫就會放棄農作嗎？農夫絕對不會拋下自己的農地，捲鋪蓋逃走。新冠肺炎爆發時也是如此，那種狀況下不該賣掉所有股票逃出市場。當危機過去，反而要多買入更強大的公司股票，以渡過難關。

景氣、指數、物價、匯率等總體經濟指標，並非投資人必須一一掌握應對的條件，那種颱風是各家公司需要克服的變數。假如投資了一家好公司，他們一定會自己想辦法解圍。我們只需要先有心理準備，遇到衝擊時可能會動搖和崩塌。事先做好萬全準備，才能在度過危機以後，更強而有力地生存下去。我們相信的，只有公司。

危機的盡頭是機會

很多人遭遇危機時會陷入極端恐慌，而輿論標題總是在加劇焦慮。如果身陷其中，會產生危機好像永遠不會結束的壓迫感。然而，即便是讓全國陷入危機之時，股市復甦亦只花了一年半的時間。

⑨ 在韓國用螞蟻比喻散戶，超級螞蟻意指散戶中資產規模龐大的高手。
⑩ KOSPI：韓國綜合股價指數。
⑪ 大宇證券：現被未來資產合併，稱為大宇未來資產（Mirae Asset Daewoo）。
⑫ 三星電子：韓國最大的消費電子產品及電子元件製造商，亦是全球最大的資訊科技公司。

二〇〇一年美國發生九一一恐攻時，全世界證交市場陷入恐慌狀態。「美國完蛋了。」「灰色戰爭[13]開始了。」一連串的恐怖氣氛帶動下，KOSPI指數瞬間暴跌超過一五%。但是我回顧過往經驗，決定更積極買進這段期間持續合作和溝通的優良公司，像是保寧製藥[14]（Boryung Pharmaceutical）、高麗開發、KCC建設、耐克森（當時為大成電纜）等，然後開始靜靜等待。短期大跌後，股價立刻回升，過了大約六個月，反而漲得比先前更高。

天有不測風雲，而危機總是會過去。擁有悠久歷史的美國證交市場也有「一切終將過去」（This too shall pass）這樣的格言。更重要的是，危機之中必定有「機會」的事實。世界動搖時機會就會出現，而那個機會只會讓大膽的人得到成果。

每當遭遇危機、股價暴跌的時候，很多人都會忍不住賣掉股票，生怕價格會變得更低無法脫手。就連原本苦撐的人們，也會因為大多數的人開始拋售而跟進。「享受危機」只是風涼話，當身陷困境，很難想到一切終將過去，危機總是會被克服。不過，假如是經歷多次危機的人，就會明白這是一個轉機。

投資大師班傑明．葛拉漢曾強調：「真正的投資人會展開雙手迎接危機。」對於熟知公司基本面並持續關注的投資人來說，景氣或自然災害、國家戰爭等外在因素造成股價暴跌五〇%時，和「五折交易」、「跳樓大拍賣」沒什麼兩樣。

身處危機時可以冷靜地後退一步觀察、不和世界一起動搖的人，以及能夠把過去經驗當成基石看得更廣更遠的人，會更加成長。暈船的時候，如果只低著頭專注於眼前的晃動，狀況會更糟。應該要將眼光放遠，深呼吸，讓身體自然接受晃動。

二〇〇八年美國金融危機[15]時期也一樣。全世界股市都被撼動，一天暴跌超過百點，投資人恐慌不已，我也無法置身事外。當時我大量投資高配息的證券股和特別股，有鑑於金融危機的特質，證券股遠比一般製造業類股跌得更慘。但是，我預估度過這場危機後，各界首屈一指的公司將大幅上漲，因此將部分證券股和特別股認賠賣出，以這筆資金買進各產業的龍頭股。我開始收購先前研究、交流過，但礙於價格未能大宗持有的績優股。很多大股東或擁有大量股票的人因為資金短缺，在市場拋售。

我作為第二大股東持有的大同工業（Daedong Industrial）股價從二．五萬韓元（面額五千韓元）跌到一．三萬韓元，我藉此機會提高持股到一六%。並分別以現代汽車約四萬韓元，三千里自行車和Very Good Leisure（現為Very Good Tour）約三、四千韓元，首席種苗公司農

---

⑬ 灰色戰爭：非軍事單位捲入的戰爭，是近年國際關係界常見名詞，指以未達戰爭門檻為底線，在非正規武力的模糊地帶衝突，以達成戰爭想要的目標。

⑭ 保寧製藥：保寧製藥集團，旗下擁有七家子公司，其中兩家在韓國掛牌。

⑮ 二〇〇八美國金融危機：又稱為二〇〇八金融危機、次貸危機、次貸風暴，引發這場危機的元凶就是次級房屋貸款。

友生物（Nongwoo Bio）約三千韓元的價位買進。還低價收購網路資安公司Nowcom⑯、證券廣播界翹楚韓國經濟ＴＶ、檢驗試劑排名第一的廠商ＳＤ（後來被美國艾利爾〔Alere〕收購而下市。艾利爾因為輕率併購導致經營績效惡化，公司重組過程中，於二〇一〇年出售ＳＤ的生物感測器部門。ＳＤ生物感測器〔SD Biosensor〕為當時收購此部門後，於二〇一〇年十二月二十七日創立之公司）等個股。經過三年時間，這些公司的股價最少漲了三、四倍。危機對我而言，便是資產快速累積的契機。

暴風橫掃過後，各行各業將經歷嚴酷的重組，其中數一數二的強者存活下來。這樣的事不光是局限在危機。景氣良好、供過於求、競爭者如雨後春筍氾濫之時，各個產業同樣會陷入過度競爭而停滯。但是跨越停滯的低谷後，將會顯現公司實力。供過於求導致的價格下跌會帶來衰退，業界因而重組，不夠穩健的公司就會被淘汰。如此一來，度過危機的優良企業將比先前具備更強大的體質，並透過從競爭脫穎而出，奪得壟斷地位。航運或造船業一度被稱為地雷產業，那些撐下來的一流公司，於二〇二〇年底到二〇二一年初期間獲得極高評價，便是一個實例。當然，對於資不抵債的公司來說，危機就是危機，無法變成機遇。

⑯ 一九九四年創立，為韓國最早提供論壇服務的公司。

原則3

投資自己了解的領域

投資自己熟知的個股和產業會帶來相對優勢，
無論是誰都可以比專家得到更好的結果。
——彼得・林區[①]（Peter Lynch）

不要試圖預測景氣和市場，專注於公司吧

最近「股票影片」當紅，點進YouTube可以看到許多和股市投資有關的主題。我也四處上節目，演講邀約應接不暇，切身感受到和過去截然不同的股市投資熱潮。但是，聽了很多不同的故事，投資人反而更容易困惑，這是由於每個講者對市場的觀點、投資哲學以及股市的預測都不一樣。了解得愈多，應該要更有信心，卻發現自己愈來愈困惑。再加上專業術語和概念何其多，光要熟悉總體經濟指標、股市投資專業術語、概念，就耗費掉許多時間。

我認為大部分的內容幾乎都和「成功的股票投資」無關。尤其試圖讀懂市場趨勢，並無益於預測股價。公司的確會被外生變數②影響，指數下跌時，優秀公司的股價也會跟著波動，問題在於個人無法預測和應對總體經濟的外生變數，那是公司要克服的課題。不要試圖猜測捉摸不定的市場趨勢，專注於找出可以代替自己戰勝市場的公司才是有效率的事。

風險（risk）分為系統性風險和非系統性風險。系統性風險指的是市場變動造成的風險，無論如何努力應對，景氣動向、利率、匯率等依舊難以預測。反之，非系統性風險是指伴隨每家公司特點而產生的風險，只要認真研究分析，相對容易應對和預測。系統性風險（市場風險）導致個股發生和本身價值無關的股價下跌時，投資人反倒可以用更低的價格買股，是件值得感激的事。

投資人了解多深並不重要，重點在了解如何從大量噪音中找出事實。投資人該做的是找出會賺錢且值得信任的公司，其他資訊都是雜音。想要成為優質的投資人，不能盲從他人的分析說法看世界，要以自己的雙眼觀察世界，選出想投資的公司。然後，用心研究選擇的公司，在低點買進取得獲利，以累積自己的「成功經驗」。這樣一來，您就會發現專家的意見只是參考，絕對不會成為絕對標準。

我也經常向其他人詢問意見，像是努力投資股票的人、證券分析師、專業經理人。不過，最後的決策還是操之在己。直到定案以前，我會充分研究和諮詢，以此為基礎，再三思量才做出判斷。判斷結果則由我自己全權負責。

因此下投資決策前，需要不斷審視、「深度思考」。不僅要看與自己想法契合的資料，也要看與自己想法衝突的資料。並事先掌握自己想法正確／錯誤的時候，所能取得的最大獲利／最大損失。當思緒不斷湧現，往往很難睡好覺。就算已經入眠也會突然醒來，打開電腦搜尋資料。如果養成思考到底的習慣，就會出現這樣的副作用，無法忍受一絲的不確定。但是，畢竟

---

① 彼得．林區：富達基金的董事會成員之一，一位傳奇基金經理人，曾任麥哲倫基金的經理人，在十三年間將管理的資產由兩千萬美元成長至一百四十億美元，年化報酬率達三〇％左右。

② 外生變數又稱政策性變數，是指在經濟機制中受外部因素影響，而非由經濟體系內部因素所決定的變數。

是拜這種思考和研究的習慣所賜，我得以成為富人，區區失眠就當作成功附加的煩人贈品吧。

投資前一定要提出的問題

以科學調查的觀點看電影《殺人回憶》[3]時，會發現許多令人心痛的場面。像是未完全落實現場封鎖，導致犯人足跡被破壞；或是因為沒有ＤＮＡ鑑定設備[4]，必須將樣本送到美國，偵辦曠日持久；更可笑的是刑警追查犯人的過程，簡直和江湖術士沒什麼兩樣。若是傑出的刑警或犯罪心理側寫師[5]會怎麼辦案呢？首先，他們會不帶偏見地收集命案現場證據，動用所有科學方法縝密分析。掌握命案的時間軸，審問關係人。藉由過程中揭露的事實，縮小嫌疑人的範圍。累積證據和資料，並綜合目擊者和關係人說法，整理出整體事件的來龍去脈。然後從中挖掘陳述或形跡相異的人，找出矛盾，舉證其犯行。

出色的投資人和能幹的犯罪心理側寫師沒有差別，會執著於選出投資標的。反之，非科學的投資人只會被股價上漲的公司吸引，認為跟風股價持續上漲的公司一陣子就能獲利。但是通常會發生什麼事呢？只要買入後，股價就會莫名其妙地開始下跌，在不得已之下變成非自願的長期投資者。

如果您也有這樣的經驗，是時候該回歸原則了。來看一下選擇投資標的公司時，一定要提出的幾項核心問題，以及研究過程中該著重的部分。前三項問題與「公司價值」相關。

問題① 公司所屬產業的未來展望如何？

無論經營者手腕有多厲害、公司員工有多團結，產業如果處於衰退期，就稱不上是值得投資的公司。由於韓國仰賴出口的公司很多，也要觀察國際動向。五年的時間恰好，不會過短、也不會久到無法預測。此外，對景氣敏感的循環股來說，從成長期轉停滯，再重回成長階段的週期大約也是五年。

最能掌握產業現況的人便是該產業從業人員，也可以參考專家意見。不過，他們的判斷並非絕對，一定要加上自己的觀點。我大致上會信任分析師的產業報告，畢竟和個股報告相比，產業狀況的客觀敘述相對較多。

國內券商的個股報告和外國券商不同，有不提供「賣出」建議的潛規則。因此，在報告中幾乎沒有出現的個股，基本上可視為賣出建議。產業報告也是如此，假如特定產業幾乎未被提

---

③ 二〇〇三年年由奉俊昊導演編導的韓國電影，故事內容取材參考華城連環殺人案。
④ 華城連環殺人案發生的一九八六至一九九一年間，韓國尚未具有純熟的DNA鑑識技術。
⑤ 犯罪心理側寫師：側寫師們透過對作案手法、現場狀況、犯罪特徵等的分析，勾畫行凶者的心態。

及，代表多數分析師認為該產業前景黯淡。

另外也該多留意產業相關新聞。現在比起我剛開始投資的時候，資料搜尋已經容易許多，只要上網輸入檢索詞，就會出現各式各樣的資料。但是所有的數據都有其用意，就算是蕭條或前景不佳的產業也會有華美的包裝。所以需要以反面意見的數字和正確的後台數據（back data）為基礎來判斷。

問題② 商業模式是否明確？

商業模式應簡單明瞭，用簡短的一段話向所有人說明公司營利方式。儘管是相同的產業，賺錢的方法也可能不一樣。例如：一家販賣淨水器的公司，它的商業模式有可能是一次賣斷，也有可能是定期管理的租賃方式。依據其特性，可預測每年每月的現金流，並判斷哪一種模式更有利於盈利。

商業模式包含了子公司。韓國公司為了強化大股東對公司的支配力，建立複雜的股權結構，公司狀況變得難以掌握。公司的利潤不僅可能流向子公司，更有可能因為其中一家公司經營困難，出現骨牌效應，讓其他公司跟著倒閉。

但也不能一看到具備明確的商業模式、同時是業界第一的公司，便貿然將其視為投資對象。須先掌握它成為第一的原因，可能是技術、銷售能力或品牌知名度，還要分析它為了保住第一的位置做了哪些努力。像是技術開發是否足夠積極，有無嘗試擴大服務據點或新形態的銷售模式，員工福利或教育訓練水準等等。假如它身為第一就安於現狀，不再努力，很快就會被其他公司迎頭趕上。

問題③ 財務結構是否穩定單純？

最近只要上Naver搜尋，就可以查到一家公司近三年的財務現況、配息殖利率、本益比、EPS[⑥]（Earning Per Share，每股盈餘）、BPS（Book-value Per Share，每股淨值）等統整資料，可是這樣仍稍嫌不足。舉例來說，低PBR（本淨比）並不代表一定是被低估的公司，必須知道資產狀況，才能確實評價。想要正確掌握公司的財務結構，務必先看過發布在金融監督院[⑦]電子公告（dart.fss.or.kr）上的業務報告。為了了解公司過去經歷和未來動向，我一定會確認十年期的業務報告和審計報告。和既定印象不同，閱讀這些報告其實不難，也很有趣。而且只要看過這十年間，包含於業務報告中的財務報表，就能大概猜出公司的變遷過程。

---

⑥ EPS：每股稅後純益，就是「每一股賺多少錢」的意思。

⑦ 韓國的金融監管機構，為隸屬大韓民國金融委員會的特殊法人。業務內容類似台灣的金管會。在台灣可於公開資訊觀測站（https://mops.twse.com.tw）查詢公司資訊。

如果沒有財務或會計知識，可以先讀些相關書籍，了解財務報表中哪些是該掌握的核心內容。

大多數財務結構較複雜的公司時常會透過BW[8]（Bond with Warrant，附認股權證公司債）、CB[9]（Convertible Bond，可轉換公司債）等方式籌資。如果想藉由低利率取得資金投資新產業，倒也無妨。即便目前股價會因此下跌，對長期的公司成長仍有助益。但是，籌資必須關乎幾年後的獲利，假如持續籌資卻沒有半點獲利，就如同將水倒進底部破洞的水缸，僅僅是苟延殘喘而已。有時候，很多大股東也會惡意利用募資的方式贈與財產或保障持股，務必要多留意。

是否為股東友好、開放溝通的公司？

以下三項問題與公司的本質或傾向相關。

問題④ 是否適當配息？

我非常重視股息，「投資公司並分享成果」的概念中，最重要的參數就是股息。公司能派發股息是穩定獲利的正向訊號，並表示有信心將來可以獲利。縱然市場狀況不好、股價下跌，股息可以成為撐過那段時期的支柱。因為股價下跌時，殖利率反而會升高。更重要的是，儘管獲利只有小額提升，公司還是願意每年配息，這點和公司對待股東的態度相關。若是獲利還不配息，意味著公司缺乏和股東溝通的意願，那種公司沒有投資的必要。有些公司為了投資未來的成長而暫緩配息，但即使是這樣的公司，我還是認為該適時配息。

問題⑤ 是否誠實公告？

有一家公司股票突然漲停，投資人因為好奇發生什麼事而確認公司狀況。但是，這公司沒有任何上漲的原因，即上漲沒有題材、甚至還不斷虧損，也沒有新訂單等消息，卻維持多日的漲勢。之後，出現「沒有理由股價暴漲」的公告。這是主力炒作的把戲。

時常也有公司為了提振股價的假公告。等到股價上漲一段時間後，才出現「很抱歉，合約泡湯了」這種聲明。這些公告通常是大股東和關係人想要抬高股價以獲取不當利益的手段。這是最壞的情況，即便大股東和關係人可能會遭受金融監督院調查，並接受刑罰，但投資人已血本無歸。因此，當業績不好的公司頻繁出現簽訂新合約之類的利多公告，就該抱持懷疑。假如

---

⑧ 附認股權證公司債：指帶有認購證的公司債券，持有人在規定期間或特定到期日，有權按約定價格向發行人購買公司股票。

⑨ 可轉換公司債：可轉換為債券發行公司的股票，是一種將債權轉換成所有權的方式。

是捏造公告的公司，自然是不及格。

問題⑥ 經營者是誰？

經營者是公司的命脈。交由不同的人經營，瀕臨倒閉的公司可能起死回生，獨占鰲頭的公司也可能陰溝裡翻船。經營者不只需要基本的經營能力，也應該有使命感、熱情、信念、堅持及認真。經驗也很重要，因為成功的經驗會帶來另一次成功。

經營者是大股東或專業經理人也有差別。通常所有權和經營權合一、大股東即為經營者的中小企業，就算穩穩獲利，有時候股價也不會漲，成交量更是非常低。他們關心的是獲利夠不夠、公司營運有沒有問題，除非股權轉讓時對他們有利，否則對提振股價沒興趣，股價自然停滯不前。不過，如果股價停滯不動的公司透過配息，穩定提供分紅，股價也可能出現穩定上升曲線。希望有股息且股價穩定上升的話，不妨選擇這種公司。相反的，專業經理人經營時容易受到內外部壓力，有時會做出不合理的決策，對公司長期發展不利，這是因為股價當下能否上漲可以成為判定其經營能力的標準。某些情況下，由專業經理人擔任經營者比大股東來得好，因為他們不僅可以改變公司的體質，還能使銷售額和利潤大幅成長。

掌握經營者最簡單的方法就是看YouTube的訪問影片。但報導多數屬於廣告的一環，不能照單全收，應找出千篇一律的稱讚背後隱藏的關鍵字。這是該發揮洞察力的重要時刻，尤其找出經營者常用的詞語，就能摸透他的特質。那個人時常掛在嘴邊的話就是他的弱點。明明沒有特殊的轉機，經營者卻老是出現在報導上，就不能視為正面的訊號。觀察經營者在法人說明會或股東大會這種公開場合中的舉動，同樣有幫助。人前把話說得好聽，卻是以權威的方式對待員工，或表現得像皇帝一般，很難成為以身作則的領導者。舉辦大型活動時應對突發事件的舉措，也能看出一般資訊中難以察覺的端倪。

針對投資標的公司的「所有問題」都得到解答後，就剩下最後一個問題了。儘管所有問題都是肯定的，依然不代表全都是好的投資。股市投資雖說是與公司的合作和交流，畢竟是為了賺錢的投資行為。就算要買一家好公司的股份，也應該是有利於自己的價錢。因此投資前務必確認的最後一個項目便是，目前股價是否低估？

我不推薦個股的原因

當別人要我推薦個股時，我總是很尷尬。我決定要投資的公司往往看起來不起眼，多半不屬於那種漲停好幾天，大家都很關注的類型。

更何況我堅持的原則是「投資自己了解的領域」，因此不要說有名的美國公司了，就連生技、新創技術等那些飆漲中的成長股，也不在我的口袋清單。

通常希望別人推薦自己個股的人，都是想找幾個月內會暴漲的公司。我投資的公司中並沒有那種公司，就算推薦了也只會聽到這樣的話。「我以為股市富翁推薦的股票很會漲，結果幾個月下來根本沒動靜！」還會要求推薦其他比較會漲的股票。

很多人會陷入令人冒汗的熱門股誘惑，因為他們認為的股市投資本質是「交易」。總是因為大量利多或利空題材觸及漲停或跌停、暴漲暴跌的股票，或政治相關題材和主題類股，主力炒作大幅影響走勢的個股而動搖。此外，也有很多人容易陷入線圖的誘惑。偶爾看到有線電視的股市節目時，我都會覺得很神奇，不禁感嘆，光靠那種判斷標準就能買賣股票，真是太厲害了！該說他們很大膽嗎？換作是我，絕對不敢那樣操作，看著他們充滿自信的樣子，甚至有點羨慕。

當然投資沒有對錯之分，都是要賺錢。短線交易、圖表投資、搶帽交易⑩，都是個人選擇，我不會評論哪一種更有優勢。只是我認為比起以具有不確定性且片面的資訊為基礎進行投資，有其他更準確穩定的投資方法。圖表投資是非常基礎的方法論，對於投資來說是很好的參考資料。假如掌握住到目前為止的股價趨勢，可以作為未來前景的提示，不過其用途僅止於此。

充分學習後再投資也不嫌晚。如果對自己投資的公司不夠了解、沒有信心，就會依賴圖表、資訊、題材、小道消息等等。我建議從「自己了解的公司」開始投資。所謂的了解是指什麼呢？就是和日常密切相關、時常接觸的公司，或是自己從事的產業也行。

如果深入研究想要投資的公司，對公司的了解將不亞於公司經營者。假如是公司員工，將能跳脫月薪族的角度，獲得以「投資人的角度」觀察公司的機會。可以像X光那樣精密觀察，也可以像人造衛星那樣用寬廣的視角來看，同時刻畫公司的現況和將來。萬一自己從事的產業或公司正在衰退，不妨將競爭的產業或公司當作學習對象。「究竟糾纏折磨我們公司的競業者是誰？」「他們好在哪裡，造就現在的地位？」「如果我方顧客正在流失，是為了什麼原因？」「他們轉往哪家公司？」藉由不斷拋出提問，一步一步向前。

一無所知就投資，絕對會受教訓

有些人感嘆年輕族群過於熱中股市投資，也有父母因為子女開始投資股票跑去諮商，針對這點我認為不用擔心。的確有些人還太年輕，投資較為莽撞，據說二〇二〇年東學螞蟻運動[12]的旋風之中，二十多歲的男性繳出了最差的成績單。失敗的投資類型涵蓋當沖、盲目買賣、跟風買賣、放空等。

---

⑩ 搶帽交易：為了短利而快速進出股票市場的交易者，就是所謂的搶帽客。

然而，經歷一兩次失敗的投資並非壞事。不是有句話說「失敗為成功之母」嗎？年輕的時候遭遇失敗，無論如何都能再振作。假如能從失敗中吸取教訓，更有機會走回正軌。只要能夠完全親身領會，失敗一百次比起什麼都不做來得好。

我也是從失敗中學到「不能投資一無所知的東西」，那是我任職於大信證券（Daishin Securities）發生的事。當時我忙於管理客戶資產，又突然升遷為副理，連帶必須負責管理人員，幾乎沒有時間尋找新個股以及多加驗證。這時剛好顧問公司的經理推薦了一支股票，是一家製造電腦變壓器的公司。他告訴我電腦市場正在起飛，算是前景看好的公司。我聽完推薦後不假思索地將它放進投資項目。後來因為業務繁忙，一直沒有前去拜訪，也因為股價穩步上漲，所以很放心。但是有一天，這家公司忽然倒閉，買入比例較大的客戶蒙受嚴重損失。這件事讓我得到很大教訓，就是「千萬不能投資一無所知的公司」。我也是這個時候建立了原則，想要投資某家公司時，一定要先訪問過工作現場，徹底研究過後才決定。

年輕族群由於資本不多，容易被廉價的水餃股[12]吸引。我剛開始投資股票時，所有的個股面額幾乎都落在五千韓元。不過，現在的面額已經天差地別，以股價比較公司價值這件事沒有意義，要以總市值的概念來看。舉例來說，假如有一家公司股價是八萬韓元，總市值是五百億韓元；另一家公司股價一千韓元，總市值是兩千億韓元。這時通常會認為股價落在八萬韓元的股票算貴，一千韓元的股票算便宜。我們用十萬韓元只能買到一股八萬韓元的股票，水餃股卻能買到一百股。這樣的股票容易博得大家的目光，成交量增加，股價短期內也會飆升。可是，如果用這種論點投資，和一無所知就投資幾無差別。一無所知就投資，必定會失敗。

由於不夠了解或貪心而草率投資，失敗幾次倒是無所謂。只要能將這些經驗當作反面教材，然後學習克服它即可。假如能藉由突然賠錢的怒氣，下定決心努力，不失為一件好事。如果因而產生學習正確的估值方法和投資原則的念頭，這樣的失敗絕對值得經歷。

不要試圖得到一切，三個就夠了

證券界有一句名言：「別把雞蛋放在同一個籃子。」這個理論指的是，投資人應透過多元化的投資組合降低風險。二〇〇八年國際金融危機後，強化的被動投資模式採用了高度多元化策略。不只單一公司，還額外追隨股價或指數，廣泛投資每個產業的指標股，尋求平均報酬率，這不能說是壞事，但是其中有個陷阱。雖然這樣可以消除錯選單一公司時帶來的風險，不

⑪ 東學運動原為一八九四年東學黨為反對外國勢力而發起。二〇二〇年新冠肺炎爆發後，亞股重挫，外資大量拋售韓股，大批韓國散戶進場穩定股市，故稱為東學螞蟻運動。

⑫ 水餃股：低價股，在台灣通常是每股淨值低於十元，股價也長期在個位數的公司股票。

過當整體市場受到打擊，還是有風險。因此通常採取市場好時進場、變差時退場的策略。頻繁交易的結果，造成短期虧損以及手續費負擔加重，好像只讓證券公司和投資公司賺到更多手續費。隨著被動投資增加，原本股市共享公司成果的優勢漸漸弱化。相較於藉由交易提高獲利的方式，我個人認為透過投資公司，使公司成長，然後一起分享成果的效果更好。

就算懂得把雞蛋放到不同的籃子裡，但卻不了解每個籃子的話，根本沒有意義。所以我會把那句話換成：「把雞蛋放在你熟悉的安全籃子裡。」

比起數十個一無所知的籃子，一兩個熟悉的籃子已綽綽有餘。不但方便攜帶，還可以隨時確認是否出現問題，學習研究也很容易。資產規模變大之後，我投資了八十多家公司，然後在新冠肺炎疫情爆發後減為五十家左右。數量依舊偏高，不過這是基於我是全職投資人，有共同研究的團隊，資產規模也很龐大。當資產規模變大時，籃子自然會變多，而非為了分散投資。

一般來說，投資金額落在一億韓元（約合新台幣二五〇萬元）左右時適合有二至三個籃子，介於兩千萬至三千萬韓元（約合新台幣五十萬至七十五萬元）時則是一、二個籃子剛好。這樣一來報酬率不會被分散，也可以維持專注力。長期投資下，會慢慢培養出經營者的態度，和自己投資的公司交流。與此同時，可以多研究三、四家公司當作備胎。研究新公司期間，可能察覺過去投資的公司中沒發現的問題點，那時如果想再找其他公司研究又有隔閡，所以最好抱持事先準備的心態來關注其他機會。但是，有一點必須注意，研究的時候可能常會受到其他公司的誘惑，必須避免計畫之外的買賣。因此，要先確實訂立投資中的公司結束時的目標賣出價和新投資標的公司的目標買入價，並養成達標時才行動的習慣。

藉由投資取得一定程度的獲利後，要善加管理。可以將獲利投資到保障配息殖利率的公司，以本金嘗試較具攻擊性的投資。我傾向大量投資保持一定股價的高配息公司，可將之比喻為「債券型公司」，股價幾乎不會變動，不過配息報酬率超過四至五%，獲利高於銀行利息且穩定。

如果找到能夠同行一輩子的公司，就可以實現富有和安適的生活

股市投資要用「共同經營」的觀點來看，想找到三、四家能夠同行一輩子的公司，必須非常慎重，並建立明確的標準。如果想和某個人共同經營一家公司，在簽約付款之前，該注意什麼呢？首先，要摸清想要合作的公司前景是否光明。共同經營不是單純借錢收利息的借貸關係，身為投資人，除了分享成果，出現虧損時也需要一起承擔。因此，應該明確地弄清楚公司靠什麼賺錢，是否真的在賺錢，經營者於出現風險時是否有能力解決。

想要共同經營公司，不只要有透明的財務結構，賺錢時是否善加分配也很重要。對於股市投資而言，分配成果等於配息。奇怪的是，許多投資人都不認為配息重要。然而，配息不但能

夠證明公司正在獲利，也象徵公司承認共同經營的股東，致力於誠懇分享。也就是說，選擇共同經營者時，配息是一定要納入考慮的要點。

保寧製藥是我從很久以前便開始投資的公司。一開始會關注這家公司，是由於金昇浩（Kim Seung Ho）會長獲得韓國經營協會（Korea Management Association）頒發的「韓國經營者大獎」，當時是製藥公司CEO首次獲獎。確認財務報表後，發現它的規模雖然很小，卻可稱是一家小而美的公司。不僅每年都會配息，就算遇到危急情況也有能力解決。公司持有地鐵一號線周邊約一萬坪的研究中心腹地，假如加以開發，利潤起碼有一千億韓元（約合新台幣二十五億元）左右。

投資保寧以前，我曾多次訪問公司和研究中心，還特別觀察了廁所和休息室。優秀的公司會將這些地方打理得整齊乾淨，清潔人員還有警衛更會面帶微笑。員工餐廳自然也不能錯過。長期忽視員工的公司，通常不會有太好結局。光是看員工用餐的神情，就可以看到公司的將來。

正式投資前，我買下一些競業對手的股票並到那些公司訪問。過程中稍微問及他們對保寧製藥的看法，而在競爭公司之間也得到肯定的答案。因為評價來自敵我兩方，可以說是相當可靠的消息。

結束相當程度的研究後，我從二〇〇〇年開始買入保寧製藥的股份。可是，二〇〇一年發生九一一恐攻，股價下跌近二〇％，跌至一．一萬韓元左右（面額五千韓元）。我在這時候買入大量股票，因為我猜測恐攻只是暫時因素，股價會迅速恢復原狀，預期二〇〇二年獲利將大幅上升。二〇〇二年春天，股價反映了對公司業績的期待，上漲到兩萬韓元區間，當時我又再加碼。但是，二〇〇一年淨利卻停在一三〇億韓元（約合當時新台幣三．四億元），數字遠低於證券公司預測的一七〇億至一八〇億韓元（約合當時新台幣四．四億至四．七億元）。股東開始拋售，股價持續下跌，甚至跌回一萬韓元區間。不過，我沒有賣出股份。

原因在於，我從公司的財務報表中看見「未來的可能性」。自二〇〇二年開始，保寧製藥每年營業額寫下約莫一千五百億韓元（約合新台幣三七．五億元）的紀錄，並持續小幅上升。但奇怪的是，毛利和淨利並沒有按比例成長。通常發生這種狀況，會懷疑是否成本過高或獲利結構不佳，抑或經營者使用手段把錢掏空。然而保寧並非如此，他們每年耗費大約三百億韓元（約合新台幣七．五億元）用於研究開發、宣傳、員工教育，我相信這樣的內部投資一定會有成果。抱持信任繼續投資之下，股價於二〇〇五年夏天來到二．八萬韓元至三．三萬韓元區間。這時距離我開始投資保寧大概有五年，終於成功結束這次的投資週期。

可是後來出現了一個逆轉。當時我以為這場投資已取得莫大的成功，但十五年後的今天，保寧製藥的股價卻落在兩萬韓元左右（面額五百韓元）。股價以當時的面額計算約是二十萬韓元。保守估計它在這十五年內上漲六倍，也就是高達五〇〇％的報酬率（此數據未列入這段期間的有償、無償增資以及配息）。

首次投資週期以後，高度評價這家公司潛力的我，數次於成長週期再度投資並獲利。以當時股價標準來看，我這次是買在二十萬韓元區間，目前仍然持有。我耗費五年的時間投資後才獲利，雖然看起來已經是很長的週期。但就結論而言，如果二十年來都不要動它，應該能賺得更多。這個例子證明了比起買空賣空，長期投資成長型公司的收益更高。所以，股市投資說不定其實是一種「不賣掉好公司的技術」，前提自然要是一家會成長的好公司。

如果認同共同經營的公司的實力，就會相信它的未來價值並願意等待，那是最幸福的投資。像這樣擁有能夠一輩子同行的公司是件非常開心的事。您只要擁有三、四家能夠陪伴交流一輩子的公司，一定可以實現富有和安適的生活。

原則4

投資對象是公司

分析公司並逐個研究看起來枯燥乏味。
甚至有些人會指著這些負責投資組合的投資人說，
他們無趣又毫無魅力。
但是，我們每天晚上都伸直腿睡覺，每一天都過得很舒適。
我們的顧客也是如此。
——格倫．格林伯格[①]（Glenn Greenberg）

世界數一數二的富者們，誰是創造財富的主人翁？

讓我們來看看二〇二一年三月《富比士》發表的世界富翁排名，號令世界的首富們，到底是何許人也？

排名依序為第一名亞馬遜公司董事長傑夫．貝佐斯（Jeff Bezos），第二名特斯拉（Tesla Inc.）執行長伊隆．馬斯克（Elon Musk），第三名酩悅．軒尼詩－路易．威登集團（LVMH）董事長貝爾納．阿爾諾（Bernard Arnault），第四名微軟（Microsoft）創辦人暨技術顧問比爾．蓋茲（Bill Gates），第五名臉書董事長馬克．祖克柏（Mark Zuckerberg），第六名波克夏海瑟威（Berkshire Hathaway）董事長華倫．巴菲特（Warren Buffett），第七名甲骨文（Oracle）執行長賴瑞．艾利森（Larry Ellison），第八名和第九名則為谷歌創辦人賴瑞．佩吉（Larry Page）和謝爾蓋．布林（Sergey Brin）並列等等。

繼續點名下去，只會讓人嘴酸。排名中幾乎都是企業家，要到前百大之後才會出現零星的不動產大亨、藝人、運動選手、電影導演等。世界首富全是公司的創辦人和經營者，財產大都不是現金，而是公司股份。所以經常會有新聞報導，他們的財產隨著股價漲跌，在一天之內多了幾兆或蒸發了幾兆。

排名第六的華倫．巴菲特本質上和其他人並無差異，他透過併購多家有實力的公司，持有它們的股票而致富。他身為投資人的同時，也經營波克夏海瑟威投資公司。韓國上榜的富豪則有排名一四五的賽特瑞恩（Celltrion）會長徐廷珍，和排名二九七的三星電子副會長李在鎔。

已故三星電子前會長李健熙尚在病榻的二〇二〇年初，二〇一九年會計年度即獲得股息三五三八億韓元（約合新台幣八八・四五億元）。從二〇一〇年開始，十年期間累計配息金額超過一・四兆韓元（約合新台幣三五〇億元）。李前會長持有的三星電子股票有一般股四・一八％，特別股〇・〇八％。

但是三星電子的外資股份有多少呢？以二〇二一年八月為基準約為五二％。正如帳面上所見，外資持有超過一半的三星電子股份，他們於二〇二〇年會計年度結算得到的股息高達七・六兆韓元（約合新台幣一千九百億元）。假如他們把收到的股息一次領回國，匯率波動程度將令人擔憂。歷年來三星電子的韓國人散戶比例不到一〇％，最近開始有變化的徵兆。根據韓國證券交易所資料，二〇二〇年底三星電子的散戶比例雖然是六・四八％，二〇二一年由於散戶積極買入，持股率來到一三・〇八％。與之前同比，已經大幅成長，但仍然偏低。

國內最賺錢的公司職員拚著血汗努力工作，全國人民從家電到手機無一不買，用心將公

① 格倫・格林伯格：美國著名投資家，曾合夥創立酋長資本管理公司（Chieftain Capital Management），二〇一〇年後拆夥，公司更名為勇士資本（Brave Warrior Advisors）。

司養大。但是，那樣的成果超過半數都被外國人收割。這是多讓人鬱悶的事？家計所得幾乎一成不變，三星電子等一流公司卻是穩定成長，只有公司在賺錢，世界的財富都集中到那些人身上。而富人集中的地方會出現新市場的投資機會，這些投資再度產生利益。如此一來，和這些愈來愈富有的人們同行，不是理所當然的結論嗎？

最可靠的投資對象只有公司

我積極投資股市的過去二十多年間，有相當長的一段時間（二〇一〇起至二〇二〇年新冠肺炎疫情爆發之前）是人們所謂的「箱型[②]」區間。那段期間，股價指數停滯不前，大家都嚷著大盤很差。但要是真如大家所說，股價被困在箱子裡，我是如何賺到錢的呢？

投資的對象不是指數，而是公司。當我看著那些忘記這個事實，只知道追著指數跑，不斷進出市場的人，總是很不安心。想藉由股市投資取得成功，就不該管股價指數是高或低，都要留在場內。因為無論何時，機會都在市場裡面。

就算指數看起來沒有起色，總是會有發展好的產業和公司。指數說穿了只是股票市場整體表現的平均，並非個別公司的績效報告，這就是為什麼該關注各個公司，而不是指數。假如想要好好了解股市投資的必要性，就要先逐一思考「錢」往公司的景況。

一九九七年以後，韓國經濟體質起了很大變化。在這之前，韓國有終身雇用制，中產階級逐漸壯大，即使是做小生意也能養活全家。在自家社區附近經營一間小店，就足以送小孩上大學和買房子，這全是因為家庭經濟發展良好的關係。一九七五年到一九九七年之間，企業所得和家計所得增加率分別是八・二%和八・一%，代表著公司變得富有的速度與一般家庭相當。當時只要認真節儉，便能存到一定的資產，父母也鼓勵子女這樣做。

但是金融危機後，一切變得不一樣。二〇〇〇年起至二〇一〇年為止，企業所得增加率達到一六・五%，家計所得卻停留在二・三%，可知家計所得增長的速度連物價上漲都追不上，幾乎是停擺的狀態。要說是公司漸漸變有錢，家庭漸漸變貧困，也不為過。這樣的貧富差距現象出現在多數ＯＥＣＤ國家[③]，韓國更是急遽發展中。先不論是非對錯，這無庸置疑是一個正在發生的無情現實。

---

② 箱型：箱型理論（Darvas Box Theory）依股票的高檔／低檔價格走勢框出一個箱型，找出支撐位、壓力位來看出突破和反轉的趨勢。。

③ ＯＥＣＤ：經濟合作暨發展組織，目前有三十八個會員國，旨在共同應對全球化帶來的經濟、社會和政府治理等方面的挑戰。

如果不想脫離生活在「公司時代」的現實

在只有公司可以賺到大錢的現實之下，想要變成富人該做什麼？您是只靠月薪就能買下江南大樓的高薪人士嗎？還是繼承父母遺產，生活就此無憂無慮的富二代？或是有了不起的創業想法和資金？假如上述的任何一種條件，您的答案是肯定的，那不用投資股票也沒關係。就像流行語「今生亡」，反正這輩子已成定局④，若是想要放棄也沒辦法阻止。

股市投資是成為獲利公司的所有人，分享其成果的行為。投資構成國家的三要件：家庭、公司、政府，其中唯一高成長部門——公司，以它們的未來價值保障家計所得。更何況這並不需要太多費用，只要付出一點手續費和證交稅，就能成為公司的所有人。

有人說韓國的金融文盲率很高。政治人物、達官顯貴、教授、社會有力人士之中，有許多人覺得透過股市投資增加資產的方式，就像是賭博或違反人性的投機。國家高官候選人的人事聽證會上，對於擁有大量房地產這件事相對寬容，可是如果持有股票，往往會被放大，質疑是否收到內線消息或利用權力大賺一筆。但其實很多時候，他們的股市投資績效並沒有那麼好，反而時常虧損。令人感到惋惜的是，儘管身為社會領袖或制定政策的人，金融知識卻很有限。實際上應該改善證券市場投資環境，制定各種完備的法規制度，促使國民順利投資的人，居然欠缺金融投資方面的教育。國會議員之中也很少聽到替改善資本市場或股份公司制度發聲的人。不過，假如全體國民可以積極投資公司，取得獲利，絕對可以克服變得糟糕的兩極化現象。

假設如同許多人感嘆，韓國股票市場不過是一介賭局，要如何解釋我國代表性的國際企業外資持股近五〇%的情況？事實擺在眼前，以二〇二〇年十一月資料來看，主要公司的外資持股比例分別為三星電子五六・五%、Naver 五五・九%、LG化學（LG Chem, Ltd.）四二・三%、現代汽車三一・一%、LG生活健康（LG Household & Health Care）四五・六%、NCSoft⑤四八・一%、SK電信三四・一%、浦項鋼鐵五〇・九%、KB金融（KB Financial Group Inc.）六六・三%等等。外資逐漸把持這些公司的期間，本國除了大股東或法人，一般國民持有股份比重仍相當地低。公司向國民經銷販賣物品賺到的錢，正被外國人打包帶走。如果我國股市結構真的會讓投資人虧損，他們絕不會絡繹不絕地投資。

---

④ 原文是「이생망」（今生亡），為這輩子已經完蛋了的縮寫。

⑤ NCSoft：恩希軟體是韓國的網路遊戲公司，在台設立之分公司為吉恩立公司（NC Taiwan），主要發展方向為大型多人線上角色扮演遊戲。

股市投資是最好的經營事業

韓國有很多競爭力令人驚豔的公司，即使和其他國家的企業相比也毫不遜色，讓人引以為榮。假如一一回顧這些公司走過的歷程，會發現許多值得敬佩之處。當他們遇到危機時，能夠堅強克服；發現自己好像走上下坡路時，會果敢嘗試，找到新出路。如果到國外，到處可見韓國企業的鬥志。

年獲利破兆的公司比比皆是，但您如果找上那些公司說：「你們做得真好，我們即日起開始合作吧！」他們會欣然接受嗎？恐怕連當個零件或原料供應商都很困難。不過，有個方法可以很輕易地和他們合作，就是買下公司股票。

我在演講的時候常常問聽眾：「三星電子是誰的公司？」往往得到同樣的答案。李健熙會長生前通常是「李健熙會長家族的公司」，現在則是「李在鎔會長家族的公司」；現代汽車是鄭夢九（Chung Mong-koo）會長或鄭義宣（Chung Eui-sun）會長家族的公司；SK集團是崔泰源（Chey Tae-won）會長家族的公司。但是，我認為現在這些創辦人或第二代、第三代經營者也該被視為專業經理人，不該稱為「所有人」。

光是三星電子，國民年金就持有一〇％的股份，最近崛起的散戶持股也不在話下。只要是我國國民都已加入國民年金，等於大家直接或間接地成為三星電子的股東。股東就是公司的主人，公司做錯事的時候就該發火，做得好就該稱讚，以善盡主人的本分。然而，我們卻沒有身為主人的自知之明，未能盡到主人的責任和義務。

我是持有十家公司五％以上持股的大股東，甚至其中還有第一大股東的身分。儘管如此，還時常不被善待。有時候站在控股股東的立場，會使人感到彆扭和不耐煩。不過我身為主人，不管公司會說什麼，還是致力行使我的權利和義務。為了改變公司，積極參與股東會，屢屢透過股東提案，提議增加股息以提高股東價值，和提供員工認股以激勵人心等。若有對企業發展有助益的想法，也會提出來。作為公司的宣傳大使，在各方面竭盡心力，想方設法使公司變得更好。雖然現在看起來聽不進我說的話，最終還是會接受。因為以長期來看，他們會發現這些都是對公司有幫助的事。在我投資期間，常常目睹這樣的變化。身為公司的主人，實為令人自豪的經歷。

當人生的「主人」，不要當「客人」

當我談到股市投資時，經常會告訴別人要好好觀察自己的日常生活。人們早上聽著三星手機的鬧鐘按時起床，吃完ＣＪ第一製糖[6]（CJ Cheiljedang）的點心後，開著現代汽車上班。利用DOUZONE BIZON[7]提供的公司內部網路服務辦公，和職員一起用Kakao Talk找中午要吃的餐廳並用Kakao Pay結帳。就算從ＳＫ電信收到手機帳單，想著怎麼會這麼貴，隔天還是得付清。

日常生活的每一天都和公司息息相關，他們不斷讓您從口袋中拿錢。明明就有合法的方式，可以讓您把每天、每月、每年支付的金錢拿回來，為什麼不做呢？不投資股票就好比一輩子只領月薪的「員工」。為什麼可以當主人，卻只想當員工、客人、佃農呢？如果脫離職場上班族身分，會有什麼不同嗎？很多人離職後，勉為其難當上餐廳、咖啡廳、炸雞店或便利超商加盟店的老闆。不過也只是口頭上說是老闆，實際上和到加盟店工作的總公司職員沒什麼差別。為了賺到連人力成本都不夠付的小錢，支付鉅額的保證金和設施費用，說不定待遇還不如普通職員。其中有大多數都在一年內轉職或停業（一年內歇業比例為三七％）。

即使不創業，乖乖待在原本的公司工作，也能夠成為公司的主人，更可以完全隨喜好選擇，像是食品公司、汽車公司、石油公司、通訊公司、新崛起的ＩＴ公司。從這個行業換到一個行業時，不需要含淚歇業，只要負擔一點手續費和證交稅，賣掉原本投資的股票，買入下一個更好的公司就行。這麼輕易就能做主的好事要上哪裡找？

任職公司職員時，時常感到自己沒有得到適當的報酬。公司支出費用中，人事成本其實只占了小部分，一般來說不會超出營業額的一〇％。根據產業的不同，有些公司的營業額甚至有五〇％會成為紅利，但那些錢並不會分給做事的員工，而是由出資的股東帶走。對於用心工作的員工來說，的確有點委屈。營業額中僅有極少的部分成為報酬，並經常無法行使自己的權利。所以如果想要多分到一些紅利，就要成為公司股東。如果您認為資本市場很骯髒，那也沒辦法，這就是資本市場的機制。與其耽於只領月薪的上班族，不如成為可以分紅的資本家。依附他人的生活不會自由，不管怎樣都要努力活在可以自己做主的世界。

您知道錢也有階級嗎？

每個人可耗費的時間和精力有限。即是指每個人的勞動力都有極限，因而藉此賺來的錢也有限。然而，資本不一樣。資本沒有極限，也不受時間和空間限制，可以幫你做任何事。資本就如同你雇來的工人，而且如種姓制度[8]般有階級之分。換句話說，是根據現有財產帶來的獲利差異來區分。

假如不是藏匿資金的罪犯，很少有人會把錢放在保險箱。萬一真的這麼做了，那筆資產就

---

⑥ CJ第一製糖：一九九七年從三星獨立的CJ集團（原名第一製糖）旗下公司，跨足食品和醫藥生技。

⑦ DOUZONE BIZON：為韓國的一家企業資源規畫軟體供應商，提供中小企業ERP等服務。

⑧ 種姓制度：一種社會階層制度，透過內婚制、繼承的方式傳承某一特定階層的生活形態。

會是資本的種姓制度中最低等的賤民。開啟保險箱時的確會很開心，但是無法創造任何的附加價值這點，那筆錢實際上和漸漸變少並沒有兩樣。

相較之下，放在銀行儲蓄帳戶的存款稍微好一點，勉強脫離了賤民身分。但最近處於低利率時代，通貨膨脹率高於存款利率，除了非常穩定之外，沒有其他優點。以工人來比喻，就是一個敷衍了事、老是坐著打盹的懶惰鬼。

保險又如何呢？最近因為熟人的請託，我買了很多保險，不過，仔細觀察契約內容會發現收取的費用過高。實際上需要保障時，有太多情況可以透過免責條款逃避責任。像韓國這樣，已經擁有完善的醫療保險和國民年金等最低限度的社會保障體系，重複投保高額的保險是不必要的。不管多常生病或發生事故，理賠金額很少高於支付費用。每次續約時，保險費都會大幅上漲，而且幾乎沒有解約金，中途解約時損失太高。以工人來比喻就像警衛，就是在真正危急之時才會考慮出手相助，平常不僅伙食費高，花費也很高。如果變心解雇的話，還要付違約金。

可以穩定獲利的錢才是中級以上的資產，要擁有這樣的工人才會有豐足穩定的將來。他們會到容易賺錢的地方以奮發工作，定期帶來收益，股市投資最合乎這個條件。當把錢投資到積極配息回饋股東並穩定成長的公司時，這筆錢就是高品質的資產。他們永遠在最前線開拓新市場，使我們的生活更加豐富、便利，並創造過去未曾有過的產業，持續成長發展。一年三百六十五天從不休假，就連我休息睡覺的時候，也依然在幫忙賺錢。

您要將自己的錢託付給哪一種工人呢？全憑自己的抉擇，因此不可貿然決定。我不清楚、別人這麼說、聽說不錯等等的藉口是行不通的。無論原因是什麼，都不能把賺錢的權力交給別人。像是Lime基金[⑨]或Optimus[⑩]基金那種帶來高虧損的商品，投資人多半對「絕對不會虧損，收益很高的商品」這種說法深信不疑，才會聽從銀行窗口那些常見且信任的職員的話，買下基金。您必須自己做出決定，將錢託付給擁有最佳生產力的工人才行。

沒有小康獵人，卻存在富有農夫的原因

如果和別人提及我在投資股票，通常都會問我賺了多少，甚至是問「贏了多少？」，這是因為他們認為股票等同賭博。不過，您有看過身邊的人靠賭博賺到錢嗎？就算有人因為賭博賺了一兩次，時間久了還是全輸光。

---

⑨ Lime為韓國避險基金龍頭，二〇一九年宣稱資金問題暫停基金贖回，造成投資人血本無歸。經官方調查發現是聯合公共機關的大型投資金詐欺案件。

⑩ 同Lime事件，是基金管理公司利用暫停贖回等手法，詐騙鉅額投資款項的案件。

股市投資絕不是賭博，不同於擲骰子等機率遊戲，也不是以高價賣給下一個人的傳炸彈遊戲。在賭盤轉個一百次就能產生價值嗎？絕對不會。錢只會從這個賭徒手中交到下個賭徒手上，或是流轉在賭徒和賭場之間，無法創造任何附加價值。因此，賭博是一場有人輸有人贏的零和（zero-sum）遊戲[11]，不斷你爭我奪的戰場。

與之相反，透過股市投資提供公司資金，又是如何呢？公司憑藉資金開發技術、開創市場並販賣相關產品，創造附加價值。然後以此價值使股價上漲和配息，回饋給投資人。這就是股市投資創造的價值，作為社會的原動力，使國家繁榮，實現技術進步。因此，股市投資是互利的雙贏（win-win）機制。

把股市投資視為零和遊戲或是交易遊戲的人就像是獵人，根據各種數據和分析資料，每天前往獵場。不過，他們有個致命的缺點，就是短線預測失利時便會一無所獲。現實中的獵人如果預期錯誤僅只是白忙一場，但對於股市的獵人而言，失敗將會造成虧損，頻繁的交易也會增加手續費支出。以前的人常說：「沒有小康的獵人，卻存在富有的農夫。」就是說光憑打獵想成為富翁幾乎是不可能的事。我也曾經像獵人那樣投資，嘗試過短線交易以及衍生性商品等投資方法。然而，為什麼我會重拾「像個農夫一樣地投資」的原則呢？又是如何得到先前無法達成的鉅額獲利呢？希望讀者能仔細思考。

結束韓國折價[12]（Korea discount），迎來韓國溢價（Korea premium）的時代

過去數十年，韓國股票市場總是被貼上「韓國折價」的標籤。不僅會隨著前一天的美國股市震盪，甚至疲弱得連盤中都會受到歐洲和中國股市漲跌的直接影響。由於多數公司的高出口依存度以及股市外資占比過高的緣故，指數只能無可奈何地隨之起伏。也因此，衍生出散戶無條件跟進外資的投資方式。

韓國企業的特殊形態被視為股市無法活躍的原因。股票上市應有默契，以「投資我們的話，我們將積極共享成果」為前提，但許多控股股東竟把上市公司當作私有物一般擺布。他們成立子公司或一人公司，藉此預備子女將來要繼承的財產。只提供員工微薄的月薪，卻分給身為大股東的經營者數十億薪資。

如果聽完他們的發言，恐怕會更令人憤怒。他們主張因為營業所得稅比例很高，贈與稅也

---

⑪ 賽局理論中，若所有參與者可獲得的賽局報酬總和為零則稱作零和遊戲。此情況下若有參與者獲利，則必定代表有其他參與者蒙受損失。

⑫ 國際資本市場中，韓國KOSPI指數之股價淨值相較其他亞洲主要市場偏低，因而有此一說。

很龐大，為了穩定繼承股份，才不得不動用這種不法手段。訴苦自己賺來的錢如果都繳了稅，將失去努力經營的動機。雖然長期來看，有望區別公司的所有權和經營權，但我認為關於稅收的討論應從頭開始。

不透明的管理架構一直是阻礙公司投資的因素。迄今為止，韓國企業在高度經濟成長的環境中，總是採取偏激手段讓控股股東獨攬經營權，壓縮成長。可是，在日漸活躍的永續發展ESG[13]投資文化薰陶下，這種形態終將被淘汰。隨著以國民年金為首的機構投資人盡責管理守則（stewardship code），也就是基於股東利益和公益的積極行使表決權的文化逐漸普及，激進的避險基金[14]也積極出面，強化監督基於「股東資本主義」的企業。再加上如果東學螞蟻運動能持續激發全體國民對股市投資的關注，可望逐漸解決扭曲的管理架構問題。

低股票配息率也是阻礙股市投資文化的因素之一。韓國是世界上股票配息率最低的國家。股票配息率意指公司賺到的淨利中配息的比率，金融蓬勃發展的美國和歐盟高達四五%至五〇%，日本或中國也超過三五%。即使是東南亞國家，像是越南、印尼、馬來西亞等也都有四〇%以上的水準。但韓國已經有很長的一段時間僅勉強超越二〇%。所幸自二〇二〇年的年度結算開始，由於三星電子的特別股利[15]的影響，韓國企業的股票配息率出現成長，來到近五〇%，未來預期也會因為遺產稅的關係，繼續維持高股票配息率。其他公司應效法三星電子，持續盡力提高股票配息率。

形成配息文化，有助於從各種面向提振股票市場。殖利率（每股股價相對於每股股息的比率）如果能達到平均四%至五%的話，還需要把錢全投資在不動產嗎？一般來說，出租店面和公寓的報酬率很難超過四%。假如在不動產投入大量資本，不僅會產生折舊，也要經常費神管理。中產階層如果能透過配息，獲得超過租金報酬率的固定獲利，自然會轉移資金。

大多數的韓國公司股票配息率偏低，是因為管理結構上，通常是持有少量股份的特定控股股東可以左右公司。這兩點像莫比烏斯環⑯一樣連結。因為持股比例低，所以相較於配息，透過支薪或集團內部交易的手法，才更有利於移轉大筆金額。由此看來，我們必須建立縱然是大股東也要透過配息的方式共享成果的文化，金融體制才有機會進步。

上市公司的總市值評估基準制度同樣有必要改善。大股東為了拉低估計總市值，刻意不配

---

⑬ ESG：企業滿足「環境保護、社會責任、公司治理」（Environment、Social、Governance）等利害關係人與股東的需求，又稱為「利害關係人資本主義」。相對於企業積極追求股東最大利益的「股東資本主義」。

⑭ 避險基金：又稱對沖基金或套利基金，是指金融機構結合金融期貨、金融選擇權等衍生性金融商品，發行以盈利為目的的金融基金。激進的避險基金會鎖定經營績效表現不佳的公司，透過收購股份或是取得董事會席次後影響公司決策，藉此影響公司股價賺取報酬。

⑮ 三星電子於近年實施股東回饋計畫調高經常性股利。並傳因前會長過世後的遺產稅問題，可能持續上調配息。

⑯ 莫比烏斯環：拓樸學中一種環狀但只由一面構成的結構，此處用於比喻兩種看似不同的事件實際上關聯密切。

息或調低獲利數字，想方設法減少繼承或贈與時所需要繳納的稅額。我認為，如果能將評估基準換成淨資產價值（net asset value，總資產價值減去負債的金額），就能消除這種不法手段。

由於這些原因，導致現在仍有許多公司的股價淨值比（PBR）無法超越〇・二至〇・三。股價淨值比是指總市值除以淨資產得出的數值，當此數值小於一，代表總市值比公司的淨資產更低，股價被低估。想要解決韓國折價這個老毛病，就要得出這些被低估的公司股價實質的價值。

我的原則是「只投資自己了解的公司」。由於難以親自探訪研究和掌握實際狀況，這也成為我不投資海外企業最大的原因。此外，國內企業比海外企業更加被低估也是原因之一。自二〇二〇年新冠肺炎疫情爆發以來，雖然流動性增加，股市投資者變多，股價淨值比已經上升十五倍，依然明顯低於日本和美國的二十三倍。韓國折價的問題至今仍未解決。

如果想要促進股票市場，將公司的成果分享給更多人，必須積極改善韓國折價。不該由大股東帶走鉅額薪資，而應根據獲利分配股息，和其他股東以同樣方式按照經營績效接受報酬。投資人扶植公司成為金湯匙，成為金湯匙的公司應當每年致力於分享更多報酬。假如創造出這種分享成長果實的文化，將有望成為人人都致富的社會。如果大家投資股票時，可以擦亮眼睛尋找好公司，將自然地過濾掉只顧不正規、耍手段的公司。國家能做到的最好的福利政策，便是打造中產階層容易投資的環境。

我從東學螞蟻身上看到希望。這是可以隨時掌握世界動向的國際化時代，自由自在使用智慧型手機，藉由多元的媒體分享學習投資時必要的資訊和祕訣，具備金融知識的人正在增多。再加上韓國的證券系統十分發達，像是HTS（Home Trading System，家庭交易系統）、MTS（Mobile Trading System，行動交易系統）這類系統也領先各國。另外，隨著證券公司的競爭加劇，減免手續費等較好的交易條件亦愈來愈普遍。

我們擁有很多無論在哪個國家都值得驕傲的企業，可以共享成果的股市也發展得不錯。但是迄今為止，受惠的僅有外資和少數企業家，一般民眾尚無法共享。原本的世代迷信「散戶必敗」，形成了一個壁壘。不過，現今無論走到哪裡都有人在談股票。人們對證券市場和股市投資的印象開始好轉，得到高報酬的成功案例也逐漸變多，如此成功的正向循環將召集更多參與者。

原則5

股東是公司的主人

絕對不要認為您買的是名為股票的有價證券。
您買的是想要合作的好事業。
——華倫・巴菲特

您有很想參加的股東大會嗎？

在韓國，就算稍有涉獵投資的人也不喜歡參加股東會。認為反正自己只是個小股東，不但不會受到款待，最終決策也只能遵循大股東的意志。不同於論壇的形式，外國的股東大會通常是祝賀公司一年來取得的成果，以及尋找未來發展方向的慶典和盛宴。我們股東大會的場面則彷彿反映了股市投資的現實，經常令人感到苦澀。幸好近年來股東會的氣氛已經轉換許多。

股東會是股份公司的最高決策機關，負責發表審計和業務報告，批准財務報表，選任董事和監事，變更相關章程等決策。會中種種提議和質疑夾雜股東們對公司的愛憎，因此公司偶爾會把他們當作討厭的藤條。公司早有許多專家預備來解決問題了。還有誰想聽別人嘮叨呢？此外，以前的股東會時常出現大鬧現場的人，或只有發給獎金禮品時才會出席的群眾的情況。

二〇二一年三星電子召開的股東會現場被主流媒體爭相報導，從牽著媽媽的手到場的小學生到老人，參與的股東形形色色，丟出無數尖銳的問題和建議。這正是我所期盼的景象，盼望東學螞蟻能像他們帶給股市嶄新的活力那樣，對於振興股東文化貢獻一己之力。

假如參加股東會，就能一眼看出公司如何經營，管理層行動是否透明。好的公司會虛心接受股東的批判，誠實說明癥結並尋找改善方向。反之，不好的公司會全力隱藏和逃避問題，阻擋股東參加大會，想盡辦法盡快結束會議，只接受第一位立場友好的股東提問，快速針對必要的決策表決。大部分股東會都在三月的最後一個星期五召開，等同阻止股東順利出席，是可悲的黑箱操作，我想這點亟需改善。[1]

我在二〇二一年三月最後一個星期五參加了A公司的股東會。以持股來看，我是第一大股東，但如果將董事長、特殊關係人持股和庫藏股合計的話，我沒有什麼插話的餘地。儘管贊同我的哲學的股東已經增加，仍舊只是綿薄之力。我在股東會一個月前就提出股東提案，這次不知道已經是第幾次了，提案內容非常普通。第一點，查明市場占有率減少的原因，和股東毫無保留地討論行銷策略。第二點，為了鼓舞久任職員的士氣和激發他們的經營者意識，應導入認股權激勵員工。第三點，註銷超量的庫藏股，提高股東價值。第四點，提高現金股息，實現和股東分享成果的「企業承諾」。第五點，另選監察委員會（監事會）成員，保障其獨立性質，善盡監督董事會的本分。

我也推薦了值得信任的監察人。根據二〇二〇年十二月修訂的《商業法》新增條款規定，最少須遴選一位非董事的監察人。選擇條件中為了降低最大股東影響力，還另規範三%法則，即最大股東和特殊關係人的表決權以每人三%為限。即便如此，表決結果依然沒有貫徹我的建議。我雖然已經盡力彙集那些支持我的股東所提出的委任狀，仍無法與之抗衡。不過，我認為

---

① 台灣上市櫃公司股東會大都於五、六月召開。

提案這件事有其意義。如果沒有提案，公司絕對不會改變。縱然是微小的嘗試，也比什麼都不做好。

改變陷入困境的公司也是投資人的責任

我曾鄭重要求某公司在股東會公開股東提案，但為董事會拒絕。雪上加霜的是，那次的股東會以新冠肺炎疫情為由，連員工都未參加。空蕩蕩的講堂中只有少數的相關人員，像是負責現場的工作人員、審計員、資方律師和財管人員等。我向主席要求發言權後，踏著沉重的腳步走向講台。

「大家好，我是第一大股東朴永玉。二〇〇五年起開始投資這家公司，轉眼已過了二十年。我不奢求股東大會能像波克夏海瑟威公司五月在奧馬哈召開的慶典一樣，但盼望就算簡樸，也能有一個真誠暢通的交流場所。請不要忘記，假如沒有股東，公司就無法存續。這是我第五次來到這裡，二〇〇八年、二〇一二年、二〇一七年、二〇二〇年還有今年……我都參加了。每次出席我都會提案，抱持想要溝通的念頭，期待可以見到控股股東，也就是身為代表的董事長，但他今年依舊沒出現。這一次連員工都缺席，只派出幾位高階主管召開股東會，可想而知諸位有多難受。不過既然在錄影，我相信你們一定會向董事長報告，所以請務必轉達這些話。這段期間我提出無數次的提案，這次也不例外，因為我比任何人都珍愛這家公司，希望能有良好的發展。有些人問我為什麼投資這種公司，說我該把股份賣掉。但我身為這家公司的主人以及國民的一分子，不能拋棄這個職責。即使很艱難，還是真心期盼公司可以變好，不要輕易認輸。今天我共有十一場股東會，我特別選擇了這裡。

「我為了和公司一起解決堆積如山的問題，比任何人都更傷腦筋。我們公司不只資產充足，憑藉營利也存下許多現金。無論是什麼理由，都無法合理解釋為什麼不配息分享成果。透過本業爬到現在這個位置，曾經是韓國第一的公司，現在卻退居第三。明明原料穩定供應，通路也有發展空間，可是工廠的設備和設施竟和三十年前我國中畢業時的水準相當，實在令人痛心。假如失去員工，公司將難以永續。必須珍視這些人，公司才會有發展。我雖然是一介股東，但為了代替高管和員工發言，站在這個位置。我提出的股東提案已被董事會決議撤回，而決策的主要負責人連一位都沒出席這次大會。我對公司的建議是，以認股的方式讓久任人員分享成果，公司目前穩定成長，應將股息提高到獲利的三〇%以上，並註銷高達四七%的庫藏股，提高股東價值，讓公司取得正確評價。未來將會是公司需要粉絲（fandom）的時代，如果不能和員工、客戶、投資人達成共識，便無法成長發展。不該執著封閉結構，把上市公司當成私人企業經營。必須分享公司成果，鼓勵更多利害關係人成為公司的主人，公司才能長期發展。」

當我發言到一半時，觀眾席中出現不滿的聲音。「我們都快忙死了，還不快點說完！」儘管只是猜測，但想必是收到特別指示，要他製造盡快結束股東會的氣氛。

「縱使聽起來很無聊，我還是要說同樣的話。公司需要改變，不能不變。今天實質上帶領公司的人都未出現，也沒讓員工出席，證明他們對自己所作所為沒有自信，知道出了什麼問題。如果是上市公司，至少該向股東詳細說明經營現況，尋求協助。並且讓身為公司主人的員工出席，開誠布公討論公司的現況和將來。將苦口婆心規勸他們的股東視作侵害自己權力的敵對勢力，對經營不會有幫助。

「我並不是因為想炫富才投資這家公司。身邊的親友都勸我，別再投資這種不配息又輕忽股東的公司，但我並未那麼做，因為這家公司也是我的公司。儘管現在看起來不過是以卵擊石，我還是想改變這家公司。它是一家足以能獲得現值兩倍估值，擁有良好基礎和無限可能性的公司。不僅原料供應穩定，具備獨家技術，銷售通路也很穩定。如果不像現在這樣局限特定客群，而是拓展多元的產品生產線，必定能將市場擴及國內外。我有很多想法，只要提出要求，我一定會幫忙。假如公司無法發揮內在價值，透過事業成長壯大，就失去存在的意義了。誠摯地希望公司可以傾聽這番建議，邁出改變的腳步。我的發言到此為止，謝謝。」

我推薦的監察人候選人在表決中落敗。在我發言結束以後，多位股東緊接著熱烈提案，公司卻愛理不理地草草表決，結束股東會。我坐上座車，經過廠房，往出口前去，這時剛好是午休時間，職員們相繼出現。看著他們的背影，我再次下定決心。「為了能讓各位在更好的公司上班，身為股東的我一定會負責到底！」

跑到無人樂見的股東會，不斷嘮叨的投資人——該公司應該將我這種屢屢提案、又不出脫股份的投資人視為眼中釘。然而，我既身為投資人，同時是公司的主人，絕對不會輕言放棄。明年我仍舊會提出股東提案，並參加股東大會。如果他們不想聽，我會不斷反覆直到他們願意聆聽為止。畢竟這是我作為投資人的責任。

我每年會向十家以上的公司提出股東提案。提案並非基於我的利益，而是希望公司能抱持初衷，扎實地經營下去。提案內容不外乎配息問題、公司治理問題，以及鼓勵員工的認股權制度等等。我也會提出專案，希望提高公司競爭力。許多時候，經營者會傾聽我的說法，就算無法立刻實踐，隨著時間過去也會一點一點逐步採納。我認為這都是股東、也就是公司的主人該行使的權利和義務。股市投資和務農種田一樣，必須花費時間澆水、除雜草，偶爾還要除蟲施肥。於如此幫助下，公司得以成長茁壯的話，將共享其成果，因此絕不可馬虎。

艱困的時候、疲憊無力的時候，支持公司的就是股票投資

我曾說過盡量以「生活周遭」容易接觸到的公司著手研究，我手上有幾家公司就是基於這

種觀點陪伴多年。其中包含製造可攜式瓦斯（正式名稱為丁烷）罐的公司、太陽股份有限公司[4]（Sun Group，後簡稱太陽集團）和大陸製罐（Daeryuk Can Co. Ltd.）。一般家庭都會用到瓦斯罐，我則是在七、八年前和家人一同去歐洲旅行的途中發現了這個產品。我想「發現」這個單詞是最準確的。過去我雖然一直都有使用它，卻不曾關注。但我無論在德國、捷克還是西班牙，只要使用瓦斯罐當燃料的地方，用的全都是韓國製。以全新的視野看見這個領域，發覺以前從未注意的東西。

回到韓國後，我開始研究這個領域。即使市場規模不大，但國內企業的世界市場占有率高達九〇%，並擁有值得驕傲的專業能力。太陽集團的子公司——勝一製罐（Seung Il）在七〇年代初期，成為國內第一家成功國產一次性罐裝產品的公司。除了「丁烷罐」之外，也率領生產髮雕、慕斯等「氣溶劑」產品的勝一、世安產業（Sean）、Youngil等關係企業，取得業界領先地位。當時說著「糟糠之妻最好，太陽燃料最好！」的廣告台詞廣為流傳，獲得許多人氣。大陸製罐則推出Max產品和廣告歌「不會爆炸！」緊追太陽集團，逐漸增加市場占有率。

我買下少量股票後仍舊繼續研究觀察，但在二〇一五年一月時，太陽集團位於天安的工廠發生大型火災，二十八棟工廠中，包括出貨廠、印刷廠和產品倉庫，共八幢建築物因為瓦斯罐成品著火，付之一炬。消防局粗估財損為一九．六五億韓元（約合新台幣四九一二萬元），實際上損失近一百億韓元（約合新台幣二．五億元），這個數值還未計入生產中斷造成的損失。

幸好火災當天是星期天，沒有造成人員傷亡。不過短期內生產完全中斷，恢復產線看起來尚需一段時日。那一年，公司第一季的營業額減少將近三〇%，淨利也變成赤字，出現極大危機。

原本擔心小規模公司會因為發生這麼大的火災難以重振，但太陽集團反而將危機化為轉機，變得更加強大。他們投入約七百億韓元（約合新台幣一七．五億元）的資金，將設備全數改為自動化。我曾拜訪公司，增設了兩條一分鐘可以生產三百個產品的產線。一分鐘三百個說來簡單，但仔細想想，切割鐵板、組合剪裁、成品上漆，一分鐘完成六百個，一小時便能生產三．六萬個。之後只要將氣體填入即大功告成。

排名第二的大陸製罐也曾在二〇〇六年二月發生火災，當時發生在放置一百萬只丁烷罐的包裝廠。這場大火造成工廠設施損失約兩百億韓元（約合新台幣五億元），生產中斷導致的損失則多達數百億韓元。可是，這個事件反而成為契機，讓大陸製罐加快步調開發「不會爆炸」的瓦斯罐。

我從這個時候確認了這兩家公司的潛力，正式決定展開投資。有段期間持股各達一〇%以上，成為大股東。這兩家公司透過競爭互相牽制的同時，開創世界市場，形成有建設性的競爭對手關係。即便是被稱為世界工廠的中國，也無法追上他們的專業技術，反倒是山寨貨更加

---

② 太陽集團旗下公司，集團主要生產丁烷氣罐，市場擴及韓國國內外。

囂張。今後，可攜式瓦斯產品的市場，有望隨著美國等北美地區的戶外休閒產業需求增加而擴大，在東南亞地區也極受歡迎。這些國家的生活水準提高後，也增加了對於可攜式瓦斯產品的需求，以取代具有臭味並帶來嚴重空氣污染的固體燃料。藉由長期投資這兩家公司，我正努力協助提高他們的配息率，善盡企業的社會責任。

每當相伴已久的Very Good Tour遇到困難，我都會加碼投資。就如同大家所知，這家公司曾因匈牙利多瑙河觀光船事故[3]，出現重大危機。Very Good Tour和經銷代理的旅行社不同，僅販賣直營商品，節省九%左右的手續費，可說物美價廉。但由於一場意外，股價下跌。我並未在那時候賣掉股票，反而追加買進二十五億韓元，並透過直接拜訪和電話聯繫給予安慰，誠心地叮囑盡快解決問題。「請不要輕忽任何小細節，盡全力處理，別讓受害者和遺屬感到委屈。」他們以臨危不亂、一絲不苟的應對，在未引起非議的情況下完成善後。整起事故雖然已經是無法避免的不幸，不過處置方式的差異，仍會帶來截然不同的結果。有些媒體攻擊我是為了維護原本持有的股份，才會大量買入股票，但那並非事實。誰會想做徒勞無功的事？我是因為信任自己投資的公司能夠戰勝危機，才會在他們有難的時候伸出援手。

Very Good Tour在新冠肺炎時期再度迎來危機，然而公司出售房地產換取資金，成功度過困難的時期。不僅上架國外特產名品直購超市「Very Good Market」，更接連推出疫情結束後出發的蜜月旅行和海外行程「請預約希望」，期間更未進行任何一次的人事異動。我也是經由和公司不斷的合作溝通，累積一定的信任關係，才會選擇在艱困時期投資。我在二〇一六年從Very Good Tour和三千里自行車收到的感謝獎牌，足以為證。

> 有個農夫在貧瘠的土地上播了種。
>
> 沒有人想過那個種子可以成為大樹，長出碩大的果實。無論是乾旱或暴風雨，農夫都沒有放棄種子，真心真意地照料它。因為農夫朴永玉先生的熱愛和信任，Very Good Tour得以走到現在，感謝您成為我們的朋友和家人。
>
> 希望您可以成為Very Good Tour永遠的強大後盾。
>
> ——轉眼長大的樹，Very Good Tour全體員工 敬贈

二〇一六年十一月五日參與Very Good Tour研討會演說收到的感謝牌

---

③ 二〇一九年，於匈牙利多瑙河的一艘觀光船發生重大船難，當時搭乘的韓國三十五人旅行團，第一時間有至少七人死亡，多人失蹤。

在公司艱困、疲憊無力的時候，能夠成為公司的支柱是股市投資另一個樂趣。當公司面臨困難時伸出援手，協助他們克服危機重新站起來，終究會有成果和績效作為回報。收到回報以前，身為投資人的成就感和驕傲，便是讓您得以堅持下去的動力。

對公司信任，才能在艱困時期投資

二〇二〇年新冠肺炎流行時期，許多投資人對資本市場有了深刻體悟，認識到「危機就是轉機」，獲得當所有人處於恐慌時，就該更積極投入股市投資的啟示。那些人透過之前的經驗，看透資本市場的特點，做出膽大的決定，並因此獲得巨大的利益。假如未來又出現和疫情一樣的危機，您會怎麼做呢？難道不會調度所有可能的資金進入股市嗎？

但並不是只有這種巨大的危機，還有盤整④、股價暴跌、跌停、資本外流、外資出逃等類似的風險隨時會出現。如果在新聞看到這樣的標題，表示現在是以低價買入好公司的絕妙時機。不過，很多人都會反其道而行。總是到了聽說股票市場連日看漲、更新報價、股價反彈，才開始進入市場。

我認為只要我們的生活繼續，就算爆發戰爭也該投資股票。只要人類沒有因為天災滅亡，國家沒有崩潰，公司就不會停止運轉。如果是健全的公司，面對危機依然可以跨過難關存活下去。

人們往往會建議，困難的時期要保留一些現金在身上，但我是在完全相反的狀況下取得成功。當市場凍結，大家收拾行李匆匆忙忙逃出市場時，我投資了一家被市場影響而暫時陷入困境的公司，因此致富。有些人斷定「十年週期論」所謂的危機將會反覆發生，不斷鼓吹投資人賣掉股票脫離市場。我從不相信那種話，愈是身處危機，愈該緊跟市場，抓住隨之出現的契機。股市參與者現在很不安？那正是最佳的股票買入信號。相反的，所有人對市場抱持樂觀想法，搶著買股票時，表示應該賣掉股價已經漲到一定程度的股票，找尋其他被低估價值的公司。

絕對不要投資這種公司

應避免投資的對象通常包含獲利率遠低於營收的公司，特別是營收當中有高比例支出是大股東或其親屬之薪資，或過度集中無關本業的營利活動時，公司的成長潛能恐怕不高。部分公司的大股東和利害關係人甚至會在短時間內鯨吞公司利益，不顧公司死活，這種公司不會有未

---

④ 盤整：指股價在一段時間內波動幅度小，無明顯上漲或下降趨勢。

來可言。公司應該專注於成長本質，像是技術開發，加強員工職能，致力投資未來。

選股時，務必剔除財務報表看起來很可疑的公司。尤其是頻繁有償增資，或透過發行CB（可轉債）、BW（附認股權證公司債）籌募資金，錢卻像沙子不斷從手中流瀉的公司，投資這種公司十之八九會虧損。不僅沒有改善業績，也沒有清楚的投資名目，只是利用子公司等複雜的結構掏空資產。愈偏向此類型的公司，就有愈多想隱瞞的事，往往不公開溝通，且想盡辦法迴避。這就是我會將「暢通溝通」和「開放經營」列為主要判斷標準的原因。

二〇〇四年，我曾考慮投資一家生產監視器（CCTV）的H公司。那個時期犯罪率上升，民眾安全意識抬頭，監視器普及率以等比級數增加。我研究幾家公司後，發現H公司狀況似乎不錯。每年對歐盟出口約一千三百億韓元（約合新台幣三二・五億元），技術和業務能力表現受到大家認可，財務狀況也有不錯的水準。

我抱著高度期待買進這支股票，大概經過兩年後選擇停損（於虧損狀態下賣掉股票）。做下這個決定並不是因為出口大幅減少、工廠失火，或是被競爭對手超越。該公司基本面十分穩定，就算發生上述事件，只要積極應對，絕對能夠克服。問題在於這家公司完全無法溝通。

我曾登門拜訪並和代理級⑤或課長級職員談話幾次，但當我想找經營者詢問公司的願景和策略時，卻吃了閉門羹。本以為參加股東大會就可以和他們碰面，他們到場後卻只和自己人敷衍幾句便離開，儘管我再三要求會面也無動於衷。

當我提出參訪工廠的需求時，也不斷以保密原則為由拒絕。最重要的是高層的態度，實在太不誠懇和缺乏誠意。經營者迴避接觸，工廠祕密運作，再加上旗下還有令人懷疑資金流向的子公司，對於這種公司，我很難有足夠的信心去守候。那個時候我下的判斷沒有錯，至今H公司股價還停留在當時的水準。

此外，我認為沒有自身獨到的商業模式，只依附在大型企業，專門供給零件或材料的公司，也不是適合投資的對象。這些公司雖然能在短期內成長三〇%至五〇%，但之後會無聲無息地消失。藉由和大型企業的大股東或關係人打好關係得以持續供貨期間，的確會有些成長，可是當關係不再，情況就會變糟。想要脫離那種附庸關係，必須不斷培養技術，多方經營客戶，但很多公司做不到。不光是因為只需忠於現在的甲方，就能獲得短期保障，還可能因為其他因素導致難以辦到。所以我們不能單看成長的部分，還要確切掌握公司具備哪一種銷售結構。

不僅如此，也應避免投資那些配息率相對低於獲利的公司，或優先考量公司股東、所有權人利益的公司，它們往往因為被低估，讓人產生買股後說不定會漲的期待。這些不和股東分享公司成長果實的封閉性公司長期被低估並非偶然，務必小心。

---

⑤ 代理級：韓國職稱，多為公司任職三到五年的職員，位階略低於課長。

投資股市的五個層級，還有長期賺錢的投資方法

投資股市也有分層級。這裡的層級指的不是水準，也不是層級愈高、境界愈高的概念，而是我根據經驗總結出的一套標準，說明如何更長期穩定地共享公司成果。結論便是應以經營者的心態投資，才會相對接近股市投資的本質，合乎我的農心投資哲學。多數人以為的最佳投資法——消息面投資，實際上是最低層級的投資方式。

股市投資的最低層級（第一層級）就是消息面，也就是常見的尋找題材股。這世界上有數不清的情報，隨時都有朋友悄聲說著「你知道就好」的個股，有權有勢的政治人物或事件相關題材股，抑或號稱有明確商機、精心策畫的項目等消息。除此之外，還有電視節目或電台不停轟炸「現在立刻投資」的推薦資訊，投信公司撰寫的產業和個股報告等等，甚至還有群組每個月收取數百萬的會費，像算命仙一樣告訴會員短期內會有哪支股票可以上漲幾個百分比。有不計其數的情報供我們參考。

相對值得信賴的消息有券商報告或新聞稿等，可以作為投資決策的提示。不過，應該考量這並不完全客觀，況且諸如「短期幫你賺大錢」的誘人情報真的可信嗎？連您都有辦法得知，難道不是代表這些內容早就不是祕密了嗎？剛開始投資股票的人對消息面都很有興趣，但絕大多數未能藉此成功。像是藝人或運動選手，雖然看起來的確在投資股票方面一蹴而就，最終卻

損失慘重，正是因為他們時常被消息面誘惑。

比起上述的情報買賣更好的層級（第二層級）是「圖表分析」，這是著重於技術買賣的投資方式。藉由成交量、股價走勢、圖表的形態和變化等來推測未來股價。信奉技術指標的人認為分析股價或成交量走勢就能預測未來的股價。不過，大都只是回顧性分析。我曾遇過幾個利用圖表分析賺進數十億的人，但我在資本市場打滾三十多年期間，很少有人藉此長期維持高報酬率。假如知道圖表分析就能賺錢，早已到處都是富人。圖表或許可以作為參考，但絕對不是判斷標準。

第三層級是以「量化分析[6]」為根據的投資，可說是價值投資最基礎的層級。先掌握公司有多賺錢、擁有多少資產、現在股價達到哪一種程度（高估或低估），再決定是否投資。事先縝密審視EPS、本益比、ROE[7]（Return on Equity，股東權益報酬率）、不動產或附屬企業持股、專利或技術等資產價值，再行投資。比起前述的兩種層級，算是更進一步的投資法，不過也只是「基礎」。儘管無法省略這個層級，卻不能設限於此。

---

⑥ 量化分析：根據統計資料量化結果，統整分析對象的各項指標及其數值，強調客觀性及可觀察性。

⑦ ROE：股東權益報酬率，是衡量股東權益投資報酬的指標，反映公司利用資產淨值產生獲利的能力。ROE愈高，公司愈能替股東賺錢。

第四層級是透過「趨勢分析」挖掘具備未來發展性的領域。掌握世界的趨勢、技術的進展、即將崛起的產業和行業等，並同時採用大數據等科技，選出具未來展望的公司。如果想從巨大的產業洪流中找到擁有前景的產業，趨勢分析是投資人必備的重要觀點之一。我時常說，過去十年來美國和韓國股市總市值前十大的公司，僅有一家留存在排行之中。相較過去，現今的趨勢變化速度更快且幅度更大。因此，趨勢分析的準確度和命中率難以避免地逐漸降低，一不小心就會太快斷定市場狀況，過度投資具成長潛力但不夠穩定的公司。再加上這個方法論偏向專家的領域，對於一般投資人來說實在難以接近。由於觀察市場的角度過於寬廣和長遠，有時候反而會脫離投資的核心。

第五層級是以「經營者心態」為基礎的投

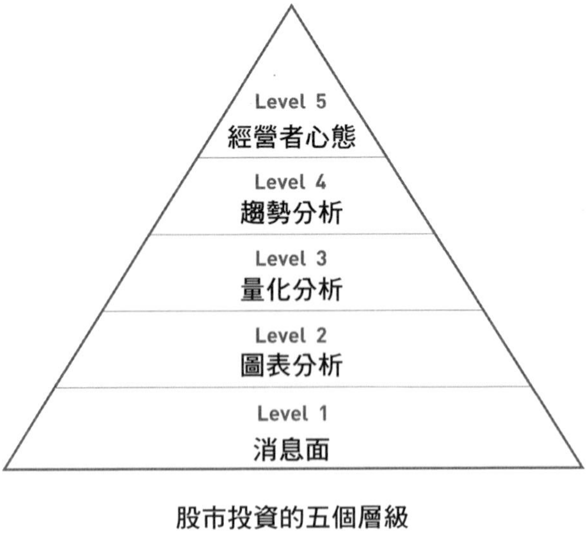

股市投資的五個層級

資，也就是假設自己身為經營者會如何經營，分析和研究應該創造何種成果。

假如具備經營者的觀點，除了資訊、圖表、指標、趨勢給予的片面資訊以外，還會看見更多其他事物。如果把公司當成自己併購的對象，從經營的層面思考，公司原有的優點說不定會變成缺點，致命的缺點反而可以視為成長的開端。

我投資的公司裡，曾有一家名為Koentec的廢棄物處理公司。我從二〇一五年便開始投資，當時股價落在二千至三千韓元（面額五百韓元）。這家位於蔚山的公司，是蔚山產業園區內的幾家企業為了處置自家公司產出的廢棄物而出資設立。我帶著投資人和經營者的心態到訪了幾次。公司腹地達十萬坪左右，約莫五十幾位職員負責打理所有事務，生產力相當高。商業模式的重點雖然是回收公司的廢棄物，然後焚化或掩埋，但他們卻連處理廢棄物時產生的熱能（蒸汽）都能再轉賣給公司，可謂是一家多功能的企業。

當然研究完公司基礎相關資料（量化分析）後，我也和認識的分析師一一諮詢建議（消息），但他們全都只是搖頭表示否定，告訴我這家公司雖然穩定但欠缺成長性。我認為這家公司頗有前景，即便看起來像是棘手、地位低的事業，但它其實是環保事業，將本被丟棄的廢棄物賦予新的附加價值，充分擁有未來價值（趨勢分析）。後來，我開始積極投資，買進價格約為二千至三千韓元，賣出價格為七千韓元，得到極大獲利。國際級投資公司麥格理（Macquarie）接手經營後，股價更曾高達一萬韓元。中國於二〇一七年四月起中止進口廢棄物，因此從二〇一八年底開始，廢棄物處理費用逐漸攀升。不知道麥格理是否預料到此情形，在中國做出此決定後，收購了許多國內廢棄物處理公司。廢棄物處理公司有個慣例，寧可選擇繼續處理現有客戶的廢棄物，也不傾向發掘距離供給地較遠、必須額外負擔運費的新客戶。然而當一家私募股權基金買下分散各地的公司後，將能大幅降低此費用。從結果來看，公司的報酬率變得更好，而且配息率（二〇一七年七．八%、二〇一八年八一．三%、二〇一九年一一一．四%、二〇二〇年九九．四%）和股價也上漲許多。不過，之後經營權再度回到國內企業手中時，股價跌回九千韓元區間。這麼看來，經營者是誰，也是影響公司價值的其中一項要素。

儘管所有人都對這家公司抱持負面看法，我仍舊以經營者的心態掌握它的概況。它不僅原材料（廢棄物）穩定供應，銷售產品的地方（客戶）也十分多角化並穩定，再加上屬於自動化產業，不需要太多人力。新設掩埋場和焚化廠則需要許可證，限制繁多。所以若能奪得先機，沒有太大變數時，將得以維持一定的優勢。最重要的是，廢棄物處理事業是現代社會必備的行業。即使看起來很髒，不甚重要，備受冷落，事實卻恰好相反。因應社會需求，整體上擁有巨大的無形價值。

利用這種方式分析和投資公司看似困難，但絕非如此。我們一定會在生活中碰到，在自己身邊，與自己相關、但無法吸引他人目光的優秀公司。有可能是外表不太起眼，也有可能是大家都嫌無聊的公司。但只要是穩定獲利和配息的公司，在某個時機點，股價勢定會上漲個二、三倍。當您想關注它時，請先試想：「如果我是經營者，會想經營這個事業嗎？」或「如果我是經營者，會想收購這家公司嗎？」再下判斷。這樣的話，您將會抓住別人沒看見的機會。

搭上越過太平洋的航空母艦那樣的公司

當未來的變化速度過快，不知道該如何應對才好時，必須站到巨人的肩膀上，用他們的視野眺望世界。加入那些邁開大步領導世界的人、創造世界財富的人所經營的公司，就能在他們眼中的世界，共享他們的成就。

漫長的人生道路上，感到吃力、不安、岌岌可危的時候，將自己寄託給航空母艦那樣的公司，將可以享受到平和安穩的旅程。假設度過人生，猶如越過太平洋那樣巨大的茫茫大海，該倚靠誰呢？如果把家人的未來完全託付給小帆船，每天都會因為搖擺不定的浪潮和風暴而焦慮不安。但若是搭上航空母艦又會如何？如果坐上堅固的艦艇，就算海象惡化或天氣不佳，它依然穩如泰山，安全地將我們載往目的地，使航海變得簡單。

能夠找到那樣的公司並且一輩子同行，人生就沒有什麼好怕的了。不僅可以享受豐饒的財富，安穩的未來也有了保障。在記分板上記錄經營者的能力、企業文化、獨到的商業模式、本益比、殖利率、每股資產淨值等數字，然後統計分數吧。最終您一定會選擇業界第一的公司作為永久投資的對象。這種公司特別擅長應對危機，因為基礎堅實，即使遇上巨大的暴風雨也能輕鬆度過。當危機來臨，那些曾追趕在後的弱勢公司就會擱淺，主導市場的能力將變得更為強大。所以，我建議投資排名第一的公司。舉一個代表性的例子，假使以前選擇和化妝品業界第一的公司同行，現在會得到什麼樣的結果？

雖然現在已經成為歷史，但直到九〇年代為止，化妝品界有太平洋[8]、韓國化妝品（Hankook Cosmetics）、高麗雅娜化妝品（Coreana）等多家公司相互較量，是一個百家爭鳴的時代。然而當危機來臨，第一名的價值開始顯現。金融危機發生後，銀行開始回收貸款，對於財務結構堅穩的太平洋這不成問題，但其他公司面臨了資金壓力。資金一旦不足，無論是研究開發、業務、客服都難以進行。當第二名和第三名的公司陷入苦戰期間，太平洋（現分為控股公司愛茉莉以及事業體愛茉莉太平洋〔Amore Pacific〕）漸漸提高市場占有率，並加快研究開發的腳步。二〇〇〇年代初期開放數位電視，電視節目開始以高畫質播出，藝人們自然更加擔心瑕疵和皺紋，這家公司抓住了這種需求，並於此後在中國取得飛躍性的成長。二〇一四年一月愛茉莉太平洋股價原為一百萬韓元（面額五千韓元）出頭，十二月已經漲到二二〇萬韓元。二〇一五年公司決定拆股[9]（一比十）。二〇一五年四月二十一日，也就是交易暫停前一天，股價寫下高達三八〇萬韓元區間的紀錄。在這之後因為引進薩德[10]防衛系統的影響，中國發布限韓令，波及其股價，於二〇二〇年末下修到十六萬韓元（面額五百韓元）左右。它擁有風靡十多歲青少年的Etude House、在年輕族群極富人氣的夢妝（Mamonde）、蘭芝（Laneige），瞄準熟女階層的赫妍（HERA）、雪花秀（Sulwhasoo）等多項品牌，是具備品牌影響力的公司。未來限韓令影響減弱後，可望再度出口中國，重回成長週期。如果是用心研究這家公司的投資人，必定能估算出那個時機。

壓制愛茉莉太平洋、登上化妝品界第一名寶座的LG生活健康，又經歷了何種戲劇化的改變呢？二〇〇五年時任執行長的現任副會長車錫勇就任以後，十二年來公司的營業額和毛利勢不可擋地持續成長。不只是以可口可樂為首的飲料類，洗衣精、牙膏、洗髮精、柔軟精、廚房清潔劑等生活用品部門也嶄露頭角。二〇一八年起，更擊敗本為化妝品類第一把交椅的愛茉莉太平洋、達成市場占有率第一名。除了歐蕙（O HUI）、秀雅韓（Sooryehan）等高階商

---

⑧ 現名為愛茉莉太平洋，是生產化妝品和保健品的跨國公司，旗下擁有十六個女性美容品牌，八個男士美容品牌，六個生活用品及五個保健品牌。

⑨ 又稱為股票分割（stock split），將一家公司的流通股分為更大數量的股份，同時間每股價值按比例縮小。例如一比十表示股數從一變為十。相對的，股價將會變成原始股價的十分之一。

⑩ 因近年北韓不斷試射彈道導彈，韓國和美國協商後，二〇一六年決議於韓國部署薩德系統，此舉引發中國不滿，祭出限令抵制韓國企業和藝人。

品，新上架的品牌甦秘（su:m37°）、BEYOND也獲得成功，並接連收購菲詩小舖（The Face Shop）、CNP Laboratory等公司，席捲了大眾市場。還成功進軍中國市場，並以此為基礎邁向北美。身為防禦類股[11]代表的LG生活健康，二〇一一年股價原本落在四十萬韓元（面額五千韓元）上下，到了二〇二一年已經成長到一七〇萬韓元，並畫出向右上方穩定成長的曲線。

就算只是我們日常使用的化妝品產業，代表性的公司也是在競爭中取得高速發展。這段時間如果用心鑽研這些公司，搶搭上各自的成長週期，這些如同越過太平洋的航空母艦那樣的公司，應該早已將您安穩地帶到目的地。

占據業界第一表示該公司的產品或服務足以吸引消費者，這時我們該關注的，不是誰是第一誰是第二這種順位，而應準確指出公司成為第一的關鍵因素。然後隨著市場變化和時代變遷，不停確認它是否仍有效。重點不是名義上的第一，是實質的第一。昨天的第一名如果失去關鍵因素，明天就會掉到第二名或第三名。往後，不光是國內第一，在國際市場上是否擁有良好表現，也會是成為「航空母艦公司」的重要條件。

公司透過集體智慧，不間斷地成長發展

我們依賴和投資的公司近在身邊。他們競相抓住成長的機會，堅持不懈地發展。所以說，

並不是沒有可投資的地方，只是我們未能發掘、探索和選擇而已。公司在成長過程中獲利，透過配息分享成果，股價自然而然會反映公司價值。投資人不須想盡辦法發掘短期間內股價可以大幅上漲的強勢股，只要找出業界中穩定成長的公司進行長期投資，一定會獲得成功。

當然，沒有哪家公司能保證永續經營，但從產業的發展模式和速度、方向，未來五到十年內的經營是可以信賴的。我們身邊有許多可以當作航空母艦搭乘的公司，讓我來介紹幾個我從生活中找到的公司，仔細看看其中的線索。不過，這裡舉出的公司絕對不是推薦個股，只是為了解釋選擇投資標的公司的標準，希望各位僅作參考。

我從幾年前就開始關注證券公司。目前韓國處於資產軸心正式邁向資本市場的階段，尤其是股市。我認為我們的股市近似於美國八〇年代中期401(k)[12]（隨著美國退休年金改制，在職者可選擇將本人的退休金投資在哪裡）投資開始熱絡的時期。工業4.0提高了遠距經濟活動比例，擁有大量店面等不動產的資產家開始焦慮，今後就算成為房東也很難期待有穩定的收益，

---

⑪ 防禦類股：代表營收較不易受景氣波動影響的資產，如必需性消費、醫療保健、公用事業。

⑫ 美國於國稅法401(k)中明定的退休金計畫，類似台灣的勞退制度。計畫為自願性質，允許劃撥部分薪水至個人的退休帳戶直至離職，退休金帳戶裡的錢不能領出，但可以做任意的投資。退休帳戶內增值（包括資產增值、分紅、利息等）時，免繳資本增值稅。僅能於六十至七十歲期間領出，提前或延遲領出皆有罰金。

鐘路、梨泰院、弘大等主要商圈空屋率已逐漸攀升。由於疫情影響，各家公司經由新冠肺炎體驗到遠距辦公文化的實質效益，逐步減少辦公室空間和實體賣場。事實上，有許多持有數百億不動產的資產家請我推薦適合長期投資的公司。原本已經十分活躍的股市，因為流進這些資金，更加生氣蓬勃。所以我個人認為，韓國股市離四千點的時代已經不遠了。

資金流向股市時，以證券公司作為平台。韓國二〇一一年通過《資本市場法》之後，證券公司開始轉換成金融投資公司的概念。自從二〇一四年以後，我陸續挑出幾家證券公司列為值得投資的對象，像是合併後躍升為證券界第一的NH投信（NH Investment & Securities），以及三星證券等皆是首選，當時幾乎沒人看好證券公司的未來。二〇一二年起，韓國股市日平均成交量連續下滑，自然降低了主要收入為成交手續費的券商收益。但有一件更重要的事，減少獲利的影響帶來徹底的公司重組。儘管目前仍有許多證券公司收入來自證券中介費和投行業務佣金，不過將來資本市場若是趨近發達國家，板塊重心將從銀行轉變成金融投資公司。韓國並未規範不可設立摩根大通、高盛[13]（Goldman Sachs）、摩根士丹利[14]（Morgan Stanley）這類的全球金融投資公司，很多金融投資公司在疫情時代的股市熱潮下賺了大筆財富。不僅是股價被低估，配息殖利率也很高。往後二至三年期間，資金仍然會穩定流向股市。假如韓國國民的金融資產比例漸長，這些公司將有足夠的成長潛力。此外，如果它們專注原本的投資業務，又會有另一個成長的契機。

我們可從疫情中親身感受到，韓國企業逐漸從快速拷貝學習先進國家專長的快速追隨者，轉型成為引領世界的先驅者。韓國文化（K-Culture）、韓國飲食（K-Food），甚或韓國檢疫（K-Quarantine），各方面都展示了實力。韓國早於任何一個國家，率先執行得來速檢疫系統。起初防疫當局也對此政策半信半疑，但到了後來，先進國家紛紛投來想要學習的訊息。

我們一直鍥而不捨地奔跑，試圖追上長期領先的先進國家，可是在某個瞬間回頭一看，已經跑在最前方，而且不僅只有一兩個領域。「我們夠格嗎？」一開始，感到有些茫然。然而現在我們已經體認到，自己足以成為世界的領導者，制定世界的標準。假如以這種氣勢繼續前進，將會誕生更多在不同領域主宰世界的公司。原本只能支付外國專利費用，勉強負責一些代工和流通，但未來將能憑藉擁有專利的獨創商品，受到各國矚目。

人們都說想找第二家三星電子或第二家ＬＧ化學，我認為十年內的確還會出現許多這樣的公司，畢竟變遷速度非常快。韓國公司的體質已經大幅改善，得以自主應對如此快速的變化。

即便不是隸屬尖端產業的製造業，也誕生了許多國際企業。國家地位提高，文化影響力增加的同時，我們想向全世界分享韓國文化，飲食文化也不例外。隨著大眾愈來愈熟悉健康的樂

⑬ 高盛：一家美國跨國投資銀行與金融服務公司，是全球最大的投資機構之一。

⑭ 摩根士丹利：業界又稱「大摩」，提供包括證券、資產管理、企業合併重組和信用卡等金融服務。

活（well being）食品，今後將會受到更多關注。因此，食品業龍頭們不該只守著社區巷弄間的商圈，而該進軍國際，以少品種大批量生產的產品攻占市場，推廣兼顧健康和飽足感，並兼備美學的食品，踴躍成為文化傳教士。我曾實際參訪幾家公司，都正積極準備進軍國際，擴大市場。

過去我們對於品牌價值這樣的智慧產權認知不足，因而總是安於擔任先進國家的承包商角色。如今產生文化溢價，提高了品牌價值，沒有道理做不出麥當勞或漢堡王那樣的全球化產品。核心家庭加劇出現，個人家庭逐漸增多，簡易市場也變得更大。ＣＪ第一製糖、好麗友（Orion）、不倒翁（Ottogi）、農心（Nongshim）、大象（Daesang）、三養（Samyang）、圃美多（Pulmuone）等多家企業皆投入此市場競爭。其中我選擇了ＣＪ第一製糖作為一輩子同行和投資的公司。二〇二〇年，它光憑必品閣（Bibigo）水餃產品，國內外市場年營業額就突破一兆韓元（約合新台幣二五〇億元），引起韓國水餃旋風。並且擁有新的成長動能，其中一項便是生物可分解塑膠技術。歐盟已經導入碳邊境稅[15]（全名碳邊境調整機制〔Carbon Border Adjustment Mechanism〕），各國為了減少碳排放量強化各項規範。食品製造工廠想要出口食品，不只工廠講求環保，包材也要友善環境。ＣＪ第一製糖於二〇一六年引進美國獨創的代謝技術，開發聚羥基脂肪酸酯（Polyhydroxy Alkanoates，ＰＨＡ）材料。它是以微生物作為素材的一種塑膠，比起利用玉米澱粉作為素材的聚乳酸（Polylactic Acid，

PLA）更不容易變異，於自然的狀態下，幾年內就能完全分解。CJ第一製糖和美國的DNMR（Danimer）、日本的鐘淵化學工業（Kaneka Corporation），是取得歐盟和美國環保認證機關認可的三家企業。目標於二〇二一年底啟用的印尼工廠甫動工，就收到全球企業預約的五千噸大訂單。如果關心食品領域，希望可以多研究各家公司，試著判斷誰最優秀。透過這樣的學習方式，可以協助您找出能夠帶您到安穩的未來，如同航空母艦那樣的公司。

我認為出口香菸和人參等受歡迎食品的韓菸人蔘股份有限公司（KT&G）也是其中一家擺脫以往的低評價，並為進軍國際做出萬全準備的公司。它們出口商品到四十幾個國家，海外銷售品項達二五三種，國內市場占有率則有四三%。於二〇二〇年下半季度開始，國民年金因為香菸對身體有害，調降股票持有比例。但個人覺得電子香菸等對健康較無傷害的產品多元生產後，香菸依舊能納入受歡迎的食品類別，這和電動車實際上並非百分百環保是同樣的道理。另外，KT&G也加工各式各樣外國人至今還很陌生的人參，這類的健康食品正和韓流文化一起提高全球的市場占有率。這次國民年金拋售導致股價下跌，我反而視為低價買進的契機。它

⑮ 碳邊境稅：指貿易體在進口高耗能產品時所徵收的二氧化碳排放特別關稅，主要針對進口產品中的碳密集型產品（carbon-intensive production，或稱高碳排產品）進行徵收，但若商品已在製造國繳納碳費、碳稅或購買碳額度並提出憑證，則可抵免碳邊境稅避免重複繳納。

的配息率超過五〇%，配息殖利率也有五%左右。退休人士可獲得穩定的股息，長期來看股價也有機會再上漲。我相信不只是美國、俄羅斯、越南、中國，就連非洲國家也愛用我們商品的時代已經不遠了。

三、四年前，假如投資了LG化學、Naver、多音通訊這類公司，就能獲得三、五倍的利潤。它們如同水和空氣滲透我們的生活，還是有許多人沒發覺到它們。不對，我應該說雖然大家很熟悉，卻沒想到要投資它們。期望各位能環顧四周，找找看是否有那樣的公司。只要找出目前在國內營業額可能只有五兆至六兆韓元（約合新台幣一二五〇億至一千五百億元），但將來拓展國際市場後，規模可達五十兆至六十兆韓元（約合新台幣一．二五兆至一．五兆元）的公司即可。在這種公司的成長週期下進行長期投資，沒有道理不會賺錢。

原則6

與投資標的公司合作並保持溝通

了解才做是投資，不了解就做是投機。
經由徹底地分析，保障本金的安全和取得適當的報酬率，
便是股市投資的正途。
——班傑明．葛拉漢

選擇合作公司的眼光

股價上漲源自於公司價值的提升，改變的先後順序有其差異，不過兩者終究會會合。

「你會選哪支股票？」我不太喜歡這種問法，建議可以改成這麼問「你會投資哪家公司？」倘若能選出未來可以大幅成長，但現在尚未得到正確評價的公司最好。和公司同行、交流的時候，偶爾會發現某些公司明明不錯，卻由於各項因素使得股價被低估，這種公司是每個投資人最想找到的投資對象。公司價值愈來愈高，未來有高度成長性，意味著什麼呢？不用想得太複雜，妥善經營得到更多顧客青睞就對了。提高營業額和獲利後，現金流也會因此好轉。這樣一來，便可以活用這筆錢進行研究開發和投資，促進未來發展。說到底，就是要做好生意賺錢，才能提升公司價值和股價。

那麼，我們該如何找出善於經營的公司呢？這很簡單。只要找到產品或服務是大眾經常使用、往後也會常用的公司就沒問題了。如果能發掘高利潤（報酬率）的公司會更好。要想達成這點，必須拿出比競業對手更好的產品或服務。「商業模式」包含了上述所有條件。

打造獨一無二的產品或服務，以及無法取代（獨家）的商業模式，便是公司擁有合作價值的關鍵。正如同蓋房子時要先放基石，投資時同樣要先涵蓋這些要素，才能把更複雜的東西逐一疊加。這是股價上漲公司應有的本質，也是必要條件。

二〇〇六年九月我投資了一家叫作Samkwang Glass的公司，並於二〇〇七年底賣出。它是一家製造玻璃瓶和啤酒瓶的B2B（business to business，即企業對企業之間的交易）公司，並非需要特殊技術的產業。不知道是否因為如此，自二〇〇〇年起，大約有五年時間，其營業額和淨利並無太大變化，看起來是一家成長停滯的公司，股價從一九九八年到二〇〇四年間持續停留在五千韓元左右，很難說它擁有獨創的商業模式。

然而，這家公司早已開始醞釀改變。二〇〇五年進入人均GDP[①]兩萬美元的新時代，樂活這個關鍵字逐漸嶄露頭角。這時，相繼出現控訴原本使用的塑膠容器會釋放酚甲烷（Bisphenol）等環境荷爾蒙，不適合用於微波爐或當作冰箱保存容器的言論，因此大眾對玻璃容器的關注急速上升。Samkwang Glass看準這個時機，推

① 人均GDP：GDP總額除以國內人口數，可以衡量一國的經濟發展程度。

投資合作公司的選擇標準

1. 具競爭力的一流公司
2. 擁有良好商業模式的公司
3. 擁有健全的財務結構和管理架構的公司
4. 實踐開放式經營的公司
5. 履行社會責任的公司

出名為「Glasslock」的革命性商品。產品甫推出就如旋風般席捲人氣。不僅是韓國，在美國、加拿大等地也拿下訂單。原本二〇〇五年的營業額約莫一五四二億韓元（約合新台幣三十八億元），到了二〇〇六年已成長為一七八一億韓元（約合新台幣四十四億元），是公司設立以來首次營業額突破一千七百億韓元（約合新台幣四十二億元）。業績同時反映到股價之上，二〇〇五年十一月時，股價突破一萬韓元。

雖然當時我已經在觀察這家公司，但並未買進。這是因為我在買股前，一定會先仔細研究。研究之後，我發現公司基礎非常扎實。由於是OCI集團[2]（OCI Company Ltd.）子公司，財務結構相當穩定。集團旗下另有SGC eTEC E&C[3]、Autech[4]、SGC Energy[5]等優良子公司。此外，還持有客戶海特真露（Hitejinro）[6]等大企業的有價證券，仁川工廠腹地的不動產價值也非常高。這家公司無論是收益或資產價值層面，都讓我覺得被低估。

後來，我在二〇〇六年九月正式投資，這時股價已經漲到一．五萬韓元左右，意外打破了我向來不投資漲多股票的原則。儘管短期內股價上漲將近三倍，我認為仍有充裕的上漲空間。樂活並非單純的風潮，它象徵今後模式轉換的關鍵。我買進股票，同行大約一年的期間內，股價如預期穩定上漲。直到大約四．五萬韓元時，投資週期告一段落，我將持股全數賣出。

假如市場夠大、競爭者又少的話，無疑是錦上添花。就算是不直接面對消費者的B2B公司，只要具備核心技術，還是能順利成長。像是專門供應半導體微影設備的荷蘭商艾司摩爾[7]

（ASML），或是在顯卡領域擁有出色技術的輝達⑧（NVIDIA），都是強勢的賣方，買方爭取賣方出貨。它們的股價雖然沒有急遽上漲，但毫不間斷地持續向右上揚。投資人如果投資這樣的公司，幾乎不會有擔心股價造成失眠的事發生。

「擁有支配市場的能力，並持續獲利和配息的公司」是我首選的投資對象。其中有些公司會透過積極投資以追求更大的成長，不就此安於現狀。即便因為投資暫時降低利潤，一旦啟動財富的循環，這些撒下的種子就會朝著光的方向，以驚人的速度增長。像這樣能夠於提高財富的同時，步向成長週期的公司，就是優質的投資對象。

就算無法突飛猛進，只要公司能在所屬領域穩定盈利，股價總有一天會得到重新評價。舉

---

② OCI集團：韓國的化工產業龍頭之一，除了化工產品，目前也在發展綠能。

③ SGC eTEC E&C：從事營建業，主要業務有廠房、土木工程、房地產開發等。

④ Autech：韓國的一家特殊車輛製造商，產品包括貨運車、救護車等。

⑤ SGC Energy：環保能源公司，提供蒸氣和電力服務，還致力於發展可再生能源業務。

⑥ 海特真露：二〇〇五年，海特啤酒收購了韓國最大的燒酒品牌真露，更名為海特真露集團，旗下最著名的為真露燒酒和海特啤酒。

⑦ 艾司摩爾：總部位於荷蘭，是全球晶片微影設備市場的龍頭，客戶有英特爾、三星和台積電等大公司。

⑧ 輝達：以設計和銷售圖形處理器起家，是全球最大繪圖晶片廠，目前也切入AI領域。

例來說，如果有一家公司資產介於兩千億至三千億韓元（約合新台幣五十億至七十五億元），總市值卻只有一千億韓元（約合新台幣二十五億元），就是人們常說的低股價淨值比。雖然不是絕對，但最好趁股價實惠時投資這種被低估的公司，幾年後很有機會獲利。

無論多優秀的公司，假如沒有親自投資，就和自己無關。所以如果對一家公司有興趣，可以先買進一些股份，然後投入研究。只要您買下股票，自然會更好奇並開始留意。然後，您會注意到競爭公司，或在相關新聞和證券公司分析報告出現時仔細確認。

知道愈多，看到的就愈多，有多在意，就會有多了解。充分研究二、三年後，就可以一邊觀察、一邊找低點，循序漸進買股。我之前也曾經說明過，我買入一家公司的股票至少要耗費一至兩年時間，買進速度非常緩慢。習慣每天交易的人看到這個景象，常感到不耐煩，覺得我像慢吞吞的烏龜。到達目標買入價之前，我會不斷與想要投資的公司溝通。假如在我尚未買齊之前股價就先上漲，總是有點棘手，所以我覺得只有自己知道投資標的公司的真正價值，才是最理想的狀況。當公司發生和本質無關的事件，導致股價下跌時，我反倒開心，因為這是可以大量收購的時機。

結束買股後，儘管股價沒有上漲，我也會靜靜等待，並持續確認投資的公司是否妥善經營。股價不上漲沒關係，反正還有股息。以這般平靜的心態守候的話，股價終究會隨著公司價值上漲，這種投資幾乎不會失敗。

小心過度美化的公司

二〇二〇年新冠肺炎爆發後，出現了幾次股票申購熱潮。幾家發行ＩＰＯ（Initial Public Offering，首次公開募股）的公司於上市當天即創下Double漲停價紀錄，吸引大眾的目光。Double漲停價意指新上市股票首個交易日上漲一六〇％，開盤價近公開發行股票價格的兩倍（Double），並收於漲停。不過，很多散戶儘管在多家證券公司開設帳戶，並支付數億韓元的申購保證金，還是買不到幾股。

一般情形下，我不會投資ＩＰＯ公司。我曾開設交易帳戶，並試過幾次申購，但都在上市當日賣出。大部分的公募股起初都會得到狂熱的反應，但股價經過一段時間便會下跌。ＩＰＯ階段時，公司都會特別包裝，經過精心打扮才上市，甚至有些科技股為了誇大業績而推高營業額。雖然不是每家公司都是如此，但畢竟ＩＰＯ本身是種吸引大眾目光的活動，通常還是會美化宣傳。

據此，投資人想要投資ＩＰＯ公司的話，我建議可以持續觀察公司，直至上市三、四年後確認有競爭力再投資。另外，散戶申購公募股可以得到的收益，相對於付出的成本實在太少；倒不如將精力投入研究已經上市的公司，還比較有效率。

股市投資的確會跟隨趨勢和流行。自二〇二〇年起，多家公司因為ＢＢＩＧ（生技、電池、網路、遊戲）龍頭股熱潮而增長幾百倍，可是我並未投資太多這類公司，多半還是投資傳統產業中具有競爭力的公司。因為我重視股息，就算股價上漲許多，也會將其當作所謂的成長股而不投資。相反的是，我特別會關注「各個領域中不可或缺」的公司，儘管沒有華麗的外表，但只要我們的生活仍在繼續，這些公司就會在專業領域中持續獲利。

每當遇到危機，就更上一層樓的財富法則

每當遇到危機，我都會相信那些具有競爭力的公司，更果敢地投資。資產往往會因為危機短暫減少，然後再次往上攀升。我一般都將大部分的財產投資在股票，所以無法迴避危機。我原本就沒有為了防範風險而預留現金的想法，只會在市場過熱的時候降低槓桿⑨（信用交易）比率。並在股價接連上漲、人們搶著投資股票時，特別戒慎小心。正在投資的公司股價跟隨趨勢上漲，導致收購數量未達預定計畫時，我會選擇維持原狀，不會強行加碼。

之後，當出現突發危機造成股價暴跌時，我反而會積極運用槓桿。因為此時是好時機，得以買進平常想投資、但礙於股價太高不敢下手的股票。投資久了，可以大致看出人們的傾向，大眾有時候會因為不知道何時觸底的恐懼而拋售股票，這時便是盡力運用平日不操作的槓桿的大好時機。

然而，投資者時常反其道而行。在市場景氣、股價上漲時使用槓桿；在股價下跌、陷入恐慌時，急急忙忙降低信用比率並賣掉股票以確保手頭的現金，做出和賺錢手法相反的行動。散戶藉由幾次的經驗，學到「危機就是轉機」的巨大教訓。理解比起躲避危機，更該積極運用危機。也因此，在二〇二〇年新冠肺炎疫情的極端恐慌中，才會出現東學螞蟻運動這樣空前的股市投資熱潮。唯有關注於公司和未來，才會相信公司無論如何都能克服短暫的起伏。韓國股市不僅跨越了危機，股價指數也跨越了三千點，展開新的局面。

沒人知道危機會在何時何地出現，就算精準預料到了，一旦離開市場就很難再回歸，畢竟又得再預測回歸的時機。假如處在隨時準備應付危機的狀態，自然會變得畏縮。在那樣的狀態下不敢有所作為，最終很難獲得可觀的投資報酬。比起焦慮等待著不知道何時降臨的危機，我們該專注的是找出能夠奮力突破危機的公司。如果找到足以託付自己的未來、既堅穩又可靠的公司，危機就會成為新的機會。

---

⑨ 槓桿：就是可以從事比保證金大好幾倍交易的機制。其優點是少額也能交易，具有提高資金效率的效果，但也具有造成大筆損失的風險。

巴菲特也是緊抓著話筒過活

受到全世界尊敬的價值投資者華倫・巴菲特，於資產累積初期運用了所謂的「菸屁股投資法[10]」。這是形容打開證券列表，用賤價買下嚴重低估的公司，燒盡雪茄的最後一點價值以從中獲利的方式。累積一定資金後，他改變投資策略，開始投資生產自己愛用的商品或流行物件、絕對不會倒閉的公司。他也是從這個時期開始投資我們熟知的可口可樂。他曾說過自己如同時針一樣準時上班，閱讀無數的報章資料，通話時間更是冗長到耳朵要著火的程度。

乘車通勤時，是我做事最活力充沛的時候。那段時間真的很美好，可以盡情打電話，完成在辦公室或因為其他約會不得不暫緩的聯繫。我投資了五十幾家公司，有些公司一年也無法拜訪一次。當然，我早在投資之前，已拜訪三、四次，親眼確認過才投資，但投資期間很難持續這麼做。不知是否拜長久經驗所賜，儘管只是通個電話，我也大概能推敲出公司氛圍。只聽電話那頭的聲音，就能知道公司現況。無需太多對話內容，大概問些「最近如何？還好嗎？」就夠了。如果有什麼問題，對方自然會告訴我。因為已經溝通多年，有時候反而會主動提及，詢問我的建議。例如老闆向我吐露員工不按照他所說的行動，員工抱怨老闆漠視他們的意見時，我就在其中幫忙調停或搭建橋梁，協助打破僵局。

我最近開始投資的一家公司，創辦人年過八十仍到公司上班，是位十分有活力的人。如果在公司發現菸蒂，他會立刻撿起來；遇見每個員工，都會正視著對方，邊說慰勞的話邊給獎金，這是因為他身為主人才會如此。雖然每個職員都很尊敬創辦人，卻不敢和他說話。對於他們來說，他就像是傳奇人物，站在他面前，連話都說不出口。但是，我是個股東，在他面前得以直言不諱。「請讓您的員工和您一樣，成為主人吧。想要如此，您必須敞開心扉積極傾聽他們的建言才行。請提供認股權，讓他們成為主人吧。那樣一來，您不用親自撿菸蒂，大家也會以身作則，不是嗎？會長雖然打開了耳朵，但內心是封閉的。您要親力親為到什麼時候呢？沒有人第一次就能做得很好，想嘗試新事物，就有可能面臨失敗。您不容許失敗，要求大家像自己一樣從開始就很完美的話，職員們難道不會膽怯嗎？」

每個公司都有各自的成長階段，創辦人用心栽培的公司有其實力且穩固。不過，若想要邁入另一個階段，需要其他東西。即使賺錢盈利很重要，也需要時間提高品牌價值和累積名聲。假如熟知自己投資的公司，應提高眼界以和經營者討論公司發展方向。溝通的過程中，雙方將能夠互相砥礪成長。

---

⑩ 菸屁股投資法：菸屁股投資法就像在街上發現雪茄菸屁股，只剩一口可抽。菸可能不多，但由於「便宜買進」，相對就賺很大。

養成觀察研究公司的投資習慣

當我建議別人股市投資是為未來最好的準備、一定要去做的時候，時常得到這樣的答案：「實在沒有時間」，所以無法投資股票。這是因為這些人聽到股市投資，就聯想到無時無刻不盯著大盤、埋首交易的模樣。

相較於隨時買賣，循序漸進買入穩定成長且持續獲利和配股的公司股票，更能增加資產。當沖等極短線交易那類頻繁進出的買賣模式，屬於技術面專家的領域。以長遠眼光投資公司和時間的我們，就算一兩支股票買得貴一點，或一兩支股票賣得便宜一點也沒關係。我們可以在午休時間買賣，也可以在開盤前事先預約目標價，不用隨時緊盯股市。研究公司不需耗費上班時間，只要撥出一些零碎時間，像是上下班通勤或別人玩樂休息的時候。如果已經找到三至四家想合作的公司，一天只要花上一兩小時研究便綽綽有餘。然後，多以投資人的視角關心新聞，更機警面對世界上正在發生的事就夠了。

衍生性商品投資[11]、創投或生技等高風險高報酬產業的投資，也是專業投資者的領域，一般人想要藉由這類投資獲利並不容易。有些人因為股票賠錢，想用衍生性商品回本，實在是荒謬。相對簡單的股市投資都失敗的人，居然想挑戰專家也會栽跟頭的領域，無異於把錢隨便丟在路上。

有時候，人們會想找短期內可以上漲兩三倍的股票，但其實篩掉幾個和賭博沒什麼差別的個股後，幾乎找不到那樣的股票。相反的，如果成為公司的主人並中長期投資，就沒有不可能的事，只是需要極大的毅力和耐心。當別人無法看清時，您必須洞悉將來的可能性。就算股價上漲到一定程度，也要相信未來的成長性，繼續投資。假如對公司沒有足夠的信賴，就不可能有這樣的勇氣。

不過，長期投資絕非易事。以我的例子來說，就曾太早賣出建材公司Dongwha持股。Dongwha公司不僅用心發展本業，還擁有高爾夫球場等資產，且大手筆地收購《韓國日報》。我平常就一直關注它們，當它們收購名為Panax Etec的二次電池材料生產公司，開啟成長的篇章時，我開始正式投資。但股價上漲速度超乎我的預期，我在一．五萬韓元（面額五百韓元）時購入，並於達到目標價三萬韓元區間時立刻賣出。不料之後股價卻漲到八萬韓元區間，實在有些可惜。雖然我知道它是一家有潛力的公司，而且是前景看好的電池相關產業，但沒有預料到股價可以上漲如此之多。可是再怎麼扼腕，我的投資還是僅此為止，剩下的是屬於別人的。投資是用與人分享的心意賣出股票，用幫助他人的想法買入股票。我總是安慰自己，務必堅守

---

⑪ 衍生性商品投資：一種特殊類別買賣的金融商品統稱，主要有期貨、選擇權、遠期契約、交換交易及差價合約及虛擬貨幣。

這個自訂原則。

即使是我，同樣會有因為錯過機會而搥胸跌腳的時候。LG化學著手開發二次電池時，我明明在許多演講聽聞這個消息，卻未立即將它設為投資對象，當時股價約為二十萬韓元（面額五千韓元）。由於那時已經有太多正在投資和研究的公司，便沒有及時將它列入投資組合。表面上雖然做了研究和預測，但仍然缺乏信心。當我後悔時，股價已經飆得太高，一度還高於一百萬韓元，按照我的投資原則實在無法下手。

還有另一件事同樣讓我懊惱，Naver 十萬韓元（面額一百韓元）和多音通訊十萬韓元（面額五百韓元）左右時，我買下它們的股票，卻於三十萬韓元出頭倉卒賣出。由於平台公司的特性，通常會同時多角投資不同領域，並經常在投資一段時間後立刻抽身，這種舉動不免讓習慣投資傳統公司的我感覺散漫。儘管我已經藉由股市投資取得一定程度的成功，仍然時常判斷錯誤或不夠果斷而錯失良機。但市場永遠敞開，機會必定會再次降臨，只要從失敗中學習與借鏡，重新挑戰就行了。

股市投資期間，要是養成隨時確認牌價的習慣，易於違反自己的原則，買入非計畫中的差勁公司。以五〇％、一〇〇％這種程度上漲的股票假如對我招手，恐怕我也會不自覺伸出手。因此，絕對不能忘記再好的公司也要買在「划算」的價格。「不懂的公司就不投資！」「持續觀察和關注我投資的公司！」唯有遵守這些原則，才能確保投資取得長久成功且不虧本。

原則7

在公司的成長週期投資

想要準確預測出前途看好的公司的未來嗎？
那就縝密、無止境、不停地收集事實吧。
——菲利普．費雪[①]（Philip A. Fisher）

近乎不可能命中買賣時機

剛開始投資股票時，您一定聽說過：「要買在底部，賣在高點！」這句流傳在股市中的格言，彷彿是一項不成文的規定。或是常聽到：「股市過熱時，手頭須握有一定程度的現金」，抑或「讀懂領先指標或市場週期，方可掌握進出場時機」這類的話。

可是，散戶很難抓準市場時機，或者該說幾乎不可能，就連投資股票三十多年的我也沒有那種天賦。更何況，利用過去數據預測的方法逐漸失去效率，變化速度過快，且不再重演同一種的模式。市場週期循環只能當作參考，不再是絕對的標準。

我踏進資本市場的九〇年代以前，確實存在所謂的「週期買進」。股價追隨營建、物流、金融等潮流，以產業為單位發生變動。如果所屬產業波動，無論公司經營狀況好壞，股價都會上漲。八〇年代以前，成長型公司並不多，市場參與者也不甚熟悉資本市場。例如，當來自中東的熱錢大量湧入時，營建相關類股暴漲，甚至連非營建業的建設化學②股價也跟著成長，只因為它名為「建設」。

很多人致力分析股價模式，區分出成長股、景氣敏感股、價值股等公司形態，並時常提及流動性、業績等市場變化；強調必須熟知這些東西，才能取得股市投資的成功，但這和事實並不相符。即使可以稱得上參考，卻不能成為絕對的標準。

有些公司儘管在股市摔跤，業績卻能像逆流而上的鮭魚一樣向上發展；也有些公司是愈不景氣，愈受到矚目。因此，投資者不應執著於模糊的市場趨勢或週期，而該專注在自己想投資的公司所處週期。

我不信奉「股市過熱時，手頭須握有一定程度的現金」這種說法。另外，我也時常聽到這種建議：「當觀察股市時，發現指數上漲，就要賣掉股票獲利了結！接著觀望市場，如果發現指數再度下跌，就要抓住低價買入的機會！」但究竟到哪算高點，到哪算低點？說要看時機，但實際上根本不可能命中時機。

我不會頻繁進出市場，無論市場漲跌，都只留心自己研究中的公司週期。就算指數上漲，如果想要投資的公司股價下跌，就是適當的買入時機。反之，即便指數下跌，但我投資的公司已經充分成長，就是週期告終的賣出時機。我的買賣時機只和投資標的公司的成長週期連動，和市場動向或景氣等無關。所以某些時候，我甚至不知道當下的KOSPI或KOSDAQ[3]

---

① 菲利普・費雪：美國投資家（一九〇七～二〇〇四），現代投資理論的開路先鋒之一，成長股價值投資策略之父。

② 現名為Kangnam Jevisco Co.，主要從事生產各種塗料，非營建產業。

③ Korea Securities Dealers Automated Quotation縮寫，韓國的創業板市場，隸屬於韓國交易所。

指數落在多少。時常發生大家聲稱市況不佳，但我投資組合內的公司股價卻上升的情形，正是因為我投資不論股價指數動向，只看公司的緣故。

可是為什麼會有人主張要觀察市場動向，找出適當的進出時機呢？雖然我也不清楚，但可能是受到證券公司或投信公司裡負責仲介的職員影響所致。因為他們需要引導投資人不斷交易，才能得到利益。如果投資人都是些像我這樣不常交易的人，就不會有佣金。不過，這些機構應該想得遠一些。擺在眼前馬上可以吃的東西固然重要，但假如養大市場這塊大餅，所有人就能一起分享果實。如果金融機構願意共同創造出稍微老實、無聊但只投資好公司的文化，而非鼓勵頻繁交易，該有多好。

透過交易或許足以餬口，不過難以成為富人。有些人會說：「股市投資總是要有交易才有趣。」但我認為，如果說得極端一點，股市投資成功的祕訣應該是盡可能不交易才會成功。當我投資的公司未達目標股價時，我絕對不會賣掉，這對投資人來說是巨大的挑戰和試煉。藉由股市投資成為富人的路，並不會讓人感到刺激或趣味盎然，往往枯燥無聊，時常需要忍耐和堅持。

有家公司真的不錯，但多數人不懂它的價值，被市場所忽視。既沒有人氣，股價也不漲，成交量近乎於無，分析師也不關心。經過幾年持續觀察分析，您確信它一定會成長，此時這家費盡心血選出的公司股價正好下跌，這是多麼美好的買進時機！我們雖然無法猜到市場的時機，但因為努力研究過想投資的公司，將能夠把握買進時機。然而想在股價下跌時出手買進，還需要膽量、決斷力和勇氣。您如果曾實際投資過，就會理解我指的是什麼。

儘管我說大家須長期研究再投資，但不建議買股後傻傻等待的超長期投資。相較之下，應該於「公司的成長週期」投資。股價變得划算時買入，上漲時賣出。這該如何確認呢？長期研究並觀察公司即可。如果長期觀察，縱使不清楚綜合股價指數的漲跌，絕對知道自己投資標的的股價動向。我們應持續觀察三、四家值得同行一輩子的公司，根據它們的成長週期調整投資比重。當公司甫邁入成長週期、尚未得到市場認可時買進。待其展現出成果，市場開始關注，經過成熟期，在此次成長週期結束時立刻賣出，並等候市場熱度再度冷卻。投資人可以照這個方式，多次活用一家公司的成長週期。

公司無法年年成長，取得一定成果後必然會進入平穩期。公司就像活的有機體，需要喘口氣養精蓄銳的歷程。這時候可能會投資新設備或技術，或是嘗試新市場。但由於是在盈利沒有改變的情況下，增加投資規模，淨利不得不下降，畢竟投資成果無法立即顯露。種種因素將構成公司週期，並決定投資的時機。

每當投資標的股價下跌時，我都會耗費一兩年時間持續買進，但不常賣出。除非達到一開始投資時設定的目標值，或因為新聞、短期事件導致成交量暴增，價格一飛沖天，才會不得已賣掉。這出自於我認為狀況已脫離原則，成為難以預期的投機領域。就算是長期研究觀察且保持溝通的公司，還是常有錯判成長週期的狀況，更何況是不熟悉的公司。同理可證，我該如何預料，受到無數我不知道的組合變數影響、進而產生變動的股價指數呢？

股市投資就是搭上公司的成長週期

對於投資股票的人來說，長期投資可以賺大錢的建議總是很有吸引力。這種時候，登場的主角往往是三星電子。一九七五年三星電子上市時，股價落在二千八百韓元（面額五千韓元）。到了二〇二一年初，這家公司的股價來到八萬韓元（面額一百韓元）左右。以上市當時的面額五千韓元換算的話，每股將達四百萬韓元，成長一千四百倍。代表如果一九七五年投資三星電子股票一千萬韓元，現在會變成一四〇億韓元（此數據排除有償、無償增資和配息）。

一九七九年Eunma大樓公寓平均售價為二千四百萬韓元，現在價格是二十億韓元左右。同樣的金額要是投資三星電子的股票，現值高達三三六億韓元。可見股市投資的報酬率遠比不動產更高，目前為止都是事實。

但在當時，三星電子並不是備受矚目的大盤股[④]。直至七〇年代末，它的總市值尚低於韓國電力公社（KEPCO）、現代汽車、大林產業[⑤]（Daelim Co. Ltd.）、金星社[⑥]（Gold Star）。到了八〇年代，依然落後於現代汽車、油公[⑦]（此為簡稱）、現代建設（Hyundai

E&C）。三星電子在一九九九年才成為總市值榜首，當時和韓國電力公社以及韓國電信（KT Corporation舊名）難分高下。以三星電子工業株式會社發跡，起初生產的是白色家電⑧和電子錶等。於八〇年代開始積極擴展半導體，後於九〇年代進攻手機和LCD等新產業，才得以搖身一變成為現今的總市值第一。

如果您從草創期就投資三星，持續陪伴至今，會是什麼景況？一九八二年一月設立半導體研究所時，說不定大家早已發現這家公司的成長潛力。然而，當時主導全球半導體市場的是日本。從那時起，三星投入大量的研究開發和投資走到今日，過程難道一帆風順嗎？假如取得成果之前，就因為流通性問題破產呢？但若是當時選擇買下Eunma大樓公寓，那些利潤帶來的資金將化為白紙。曾經風靡一時，未超過十年便倒閉的公司何其多？要是買下那種公司股票，長期盲目等待又會如何？因此，主張長期投資是唯一解答是不負責任的。

我當然不會推薦短期投資。沒有做足功課，只憑親友推薦或消息、圖表的投資，最終只會

---

④ 大盤股：即大型股。
⑤ 目前主要業務為石化、貨運代理、建築和ＩＴ服務。
⑥ 一九九五年更名為ＬＧ電子（LG Electronics）。
⑦ 油公初期名為大韓石油公社，於八〇年代被ＳＫ集團收購，經歷多次的分割整併，現已停業。
⑧ 當時普及的家電，像是洗衣機、冷氣等大型且使用期限長的家電皆為白色，故得此稱。

淪為高壓的心理戰。再者，想要抓住適當的買賣時機也不容易，如果上漲總覺得還會再漲，如果下跌又好像還會再跌。因為不了解公司，很難掌握究竟何時要買賣。

投資公司的成長週期之後，剩下的就是全心專注在公司發展和懂得等待。公司不會直線成長或衰退，而是會在一段時間內上下波動，慢慢成長或衰退。此外，公司的成長不會直接影響股價上漲，要等到多數市場參與者發覺公司內在價值增加時，股價才會上漲。股價上漲意味著股市認可公司的努力，所以投資後總是要再多等一陣子。公司成長的種子從萌芽到開花、結果需要時間，想得到市場的肯定同樣也需要時間。這就是為什麼我會說，想藉由股市投資獲得成功，必須全心專注在公司發展和懂得等待。

聽起來雖然很簡單，付諸實踐可不容易。數十年來，我向許多人說明這個方法，有人願意聽進去並認真實行，但多數的人都只是敷衍說著方法不錯，然後當耳邊風。有一種叫作「豆芽菜抽屜箱」的法則，種豆芽菜時，無論澆了多少水，大部分的水都會流光，所以感覺澆水像是白費工夫，但豆芽菜其實用心吸收了一部分的水，不斷成長。聽過我投資方法的人當中，大多數也都聽而不聞，那些話就像抽屜箱的水一樣流光；但仍有人盡力吸收水分，培養自己。

十年前，我曾到濟州島演講，其中一位聽眾現在是擁有七十億韓元的資產家，聽說還贈與兒女小額資金投資股票，全家目前都持有可觀的股票資產。他當時用心記下我說的投資方法，選出股價尚未上漲的好公司仔細研究，進而同行並展開長期投資。其他一起參加演講的人雖然也很努力投資股票，但多半執著於買進賣出，未能賺進大筆財富。十年說長不長，說短不短，這段期間竟能產生如此截然不同的結果。

相較於賺錢，不賠錢更重要

股市投資中有許多違背人類心理的因素，所以實戰交易時，大家都會叫苦連天。

儘管人人都說要選擇低估的公司，卻很難下決心買入股價下跌的公司個股。明明決定投資某一家公司，可是股價天天微幅下跌，總會讓人不禁懷疑自己是否錯判。就算股價下跌和內在價值無關，還是難以爽快按下買進鍵。然後有一天，股價上漲，突然又心癢。即使股價已經超過目標買入價，連續幾天上漲之後就會起貪念，想著「這樣下去，我會錯過的」，便又急忙按下買進鍵，只想趁股價尚未高漲時快點買下，忘卻分散買進的原則。

與之相反，有許多人建議避開高估的股票，但開始實戰時會怎樣呢？看著不斷出現的報導，滿腦子都是人們爭相討論的那支股票。如果股價持續上漲，便開始有了買進的念頭。一開始只漲個一〇%時還可以忍耐，不過等股價急遽上升接近漲停時，手指頭也開始癢了起來。想著現在買的話，應該還能賺到一點錢，按下買入鍵。剛開始微幅上漲的時候說不定還有機會，但到這般田地後，假如進場通常會被套在高點。

心理也會影響買賣。一般來說，大家覺得買股很容易，但多數人認為賣股很難。買股時通常不會太苦惱，然而賣股時卻百感交集，猶豫著如果在目標價賣出後，是不是還會上漲。

要是買進的公司股價下跌呢？跌到某些程度為止都可接受，並相信「股價會趨近公司價值」繼續等待。可是，如果過了幾個月或一年以上，股價依然橫向盤整或轉為下跌趨勢呢？對於公司的信任將開始瓦解，本該重新確認研究，找出應對方式，卻沒有餘力這麼做。這時假如股價倏地上漲到買入價或再稍微高一點，只會感到慶幸，草草賣掉股票。不過，常有人說股市其實長了眼睛。賣掉股票，股價就會莫名其妙上漲。以本來的價位賣掉後，反而會再漲更多。如果因為不甘心而重新買進，糾結的狀況又將會再度發生。

進入買賣的領域後，股市投資總是會出現這樣的心理戰，我想這就是為什麼大家會說投資股票很難。我一直強調股市投資的本質不是交易，但進行股市投資不得不交易。想要不被心理戰動搖的話，就要在交易之中和其他人有不同的思維。

常言道買股容易賣股難。但以投資來說，買股遠比賣股重要。這是什麼意思？股票和其他商品不同，無法退貨。只要按下「買入」就會成交，必須持有至賣出為止。就算股價下跌，甚至公司下市，進而失去價值，也只能繼續持有。反之，賣股是確定損益的行為。出現虧損可以選擇先不賣，完全由自己決定。暫時波動的股價下跌，只要不賣，就不會有損失。股價上漲選擇獲利了結時也一樣，賣得太快，收益的確不會太高，但也不會有損失。

買股失誤造成的損失是「無法彌補的虧損」。也就是說，假如錯判股票買進時機，在高估價格買下股票，後續下跌產生的損失自己無法挽回，唯有等待股價重新漲到買進價格。如果不了解投資的公司，將無法得知什麼時候會發生。

相反的，賣股失誤帶來的損失只有期待收益的多寡。換句話說，就是「可能賺更多」或「少賠一點」的失落感。這時候要想：「這又不是我的」，放下這件事。縱然已經下定決心要撐到高點，實踐也非易事。現實中往往到了高點還不賣出，老是想著再等一下，結果股價跌回肩部或頸線才賣掉。所以達到目標價時，最好能毫無留戀地賣出，然後用這筆資金再找下一個投資機會。

儘管已經縝密判斷，並於低價時買入股票，但偶爾會發生部分公司在持有期間發生變化，或是自己急需用錢必須賣掉股票的情況。這時應該賣掉組合中的哪一種呢？獲利的股票？還是虧損的股票？

很多投資新手會先賣出獲利的股票，認為這麼做比賣出虧損的股票更好。然而，這樣的選擇形同原本商店陳列架上有各式商品，卻撤下大賣的商品，只留下賣不出去的商品。不能光從有無收益這點決定是否賣出，這樣只會徒增總有一天股價會上漲的期待。公司永遠有自己的標準，投資人必須聚精會神判斷哪家公司帶給自己值得等待的信心。

再好的公司也要買在低點才會成功

股票要盡可能買在低價，在低點買下股票的好處多多。除了未來上漲的時候報酬率會更好之外，還有更重要的一點，便是公司重新得到市場的肯定之前，就算歷經長期橫盤或股價下跌，也有信心等待，這屬於一種心理上的支持。反之，如果買入價格較高，稍微下跌就會惴惴不安。

便宜收購股票的方法是在長時間下慢慢分散買進。假如已經研究透徹目前關注的公司，就沒有理由心急。即便股價已經持續一兩個月的漲勢，但認為公司價格高過股價的話，就還算低價。重點是必須在股票現價低於公司價值時才買進股票，不要買貴。賺錢固然重要，但不賠錢更重要。

因為別人買而買，別人賣就跟著賣，是最差的情況。這種情況出自於非要親眼確認才願意買進的習慣。明明已經判定是一家好公司，卻懷疑是錯覺，需要他人的想法和肯定，無法相信自己。直到公司分析報告或相關報導出來了，股價上漲時，才終於確信。所以，信念對於股市投資來說非常重要。當自己挖掘到一家公司且已充分研究，仍有許多人未能看清時，必須感到慶幸。因為大眾的誤會和漠視，導致股價下跌，更是我們所樂見。您應該在和他人做出相反行動的同時，想像將來能得到的成果且享受成就感。若是能訂出自己的一套標準，並花時間仔細確認標的是否達標，從中有了把握之後，自然會產生勇氣和膽量。

投資一家有信心的公司，必然會告捷

韓國股市的投資者分為散戶、機構（法人）⑨、外資。大家都說從來沒有散戶贏得過另外兩種人。「散戶的情報網不比機構和外資，就算得到資訊，分析力也不足。再加上缺乏資本，根本無法與之匹敵。」這種觀點形成主流。

但是，請看看疫情爆發之後的市場狀況。股價上漲時，散戶會在適當時機獲利了結；當機構或外資拋售股票造成股價下跌時，散戶會從容地再次收購。疫情爆發後，三星電子股價跌到約莫四萬韓元，機構和外資接連拋售時，將這些股票買下的便是東學螞蟻們。機構和外資只能在股價大漲以後，硬著頭皮將賣掉的股票重新買回。最近散戶的集體智慧超越了部分機構和外資等菁英的情報能力，這是極具革命性的一件事，消息不像過去一樣被獨占，分析師的意見不再只是基金管理人的私有物。此外，擁有迅速應對能力的散戶會分享資本市場相關情報和多元

⑨ 法人：依據法律所創設的權利主體，相對的概念為自然人。法人是由自然人或財產組織而成的團體，最常見的形式即公司。

的資料給投資人，使他們增廣見聞。

散戶在各方面都比機構和外資更具競爭優勢。散戶可以選擇幾年幾個月不投資，直到找到合乎自身標準的投資標的物。但機構不同，他們必須不時投資。再者，散戶可以長期守候營業額或收益幾乎沒有變化、但持續累積內部能量並成長中的公司，想等多久就等多久。但是，機構每個月都要承受報酬率需大於指數漲幅的業績壓力。據此，散戶可說被授予更多所謂時間和自由的魔法。

投資失敗的人時常將一句話掛在嘴邊，說自己是被外資法人和大股東的陰謀所害。然而，那種人通常是沒有好好做功課就進場，光憑某些推薦或看到股價波動便貿然決定，且極有可能在投資後，反覆和股票上演不成熟的戀愛，不顧公司狀況。這裡說的和股票談戀愛，意指投資人於股價上漲時熱烈示愛，股價下跌時極度厭惡的「又愛又恨的投資」。他們出現自己和外資、機構和大股東爭鬥的這種想法，可能源自於他們是從供需的層面看待股市投資。換句話說，他們投資時並未按照公司的內在價值，只仰賴有誰在交易。

假設有一家每年營收和淨利穩定上漲的公司，突然有一天外資沒來由地將資金抽回，導致股價暴跌。無論怎麼看，都無法找到根本原因，那我們該買進還是賣出這家公司的股票？如果以供需原則來看，應該賣掉，且懷疑外資是否得到我所不知道的內線消息或有力情報。但也有可能猜測錯誤，外資只是單純重新調配資金，抑或由於衍生性商品和賣空，才平白無故動搖市場。如果只論公司本質的話，長期來說，這件事並不會是個問題，反而是便宜買進好公司股票的機會。

相反的，假如有一家公司反覆虧損，未來前景也不透明，卻有人大量買進。難道那家公司的價值突然上升了嗎？就連作為投資人身經百戰的我或是外資法人都難以理解為什麼會有人收購，也無法得知他們內部資金的狀況。經過一段時間後，才推測出「這就是資金流動的原因啊……」。如果在這種情形下，盲目地被「供需」趨勢動搖，可就真的成為炒作勢力的獵物了。

不久前，我和一家管理資金達一·五兆韓元（約合新台幣三七五億元）、極具影響力的投資機構主管聊天。他說他經手過許多透過壓低股價而獲利的衍生性商品，也經常隨著股價波動進出市場，但近年開始收益明顯大不如前，令他感到憂心。甚至常比散戶慢一步，老是在高價時買進，低價時賣出。我以自己投資的那些公司舉例，向他說明原因後，他拍膝大嘆，決定重新檢視投資組合。這件事證明了堅守理念，關注公司本身，然後實在投資的重要性。

沒有原則、盲從股價波動去投資的話，一不小心就會賠錢。儘管需要時間，有點枯燥乏味，但只要能夠專注於公司，願意投資時間，一定會取得成功。

原則8

股市投資就像務農

股市投資是和時間（time）聯手的戰役。
如果草率對待，時間就會成為你的敵人（enemy）；
如果長期相處，時間就會成為你的盟友（ally）。
——史考特・蓋洛威[①]（Scott Galloway）

農夫不會略過任何季節

我像農夫一樣地投資，所以我是個「股市農夫」，投資方式則是「農心投資」。農心投資是什麼呢？我會經過深思熟慮選出投資標的公司，如同農夫只揀選好的種子；我會慎重選擇投資時機，恰似農夫會挑時間播種；我會和我投資的公司交流合作，並給予關照、支持、鼓勵和鞭策，就像農夫每天到田裡照顧農作物一樣；最後，必須按照農事計畫，在適當的時機收穫。以上就是我的股市投資完整流程，其餘技巧都和投資成功與否無關，沒有太多意義。

首先應關注的是豐富我們日常生活的產業，從中找出占主導地位的公司。有時候，我們會經由產品或服務找到一家公司。

當發現那樣的公司時，可以先小額買入股票，但切記不可一次大量購買。買進以前，須檢視一些基本數據，像是總市值、營業額、淨利、現金流等。當然也該掌握業績、財務狀況、資本現況等項目相對市場估值（valuation）的情形，但這些都只是基本功而已。想要完全了解自己想種的種子（公司），需要歷經更多的過程和時間。正式研究公司前先買些股票的原因在於可以加強對公司的關注。你認為心思會跟著錢走嗎？就我的經驗，買進個股後如果股價下跌，我反倒會更認真研究那家公司。

少量買進股票以後，我會開始漫長又不停息的研究。不僅要拜訪公司，還會致電股票負責人或熟悉該公司的外部人士尋求諮詢。同時也會詢問競業對手，以及拜託分析師或基金經理人評估。我選擇的公司多半不被媒體關注，也不會包含在證券公司分析報告中，往往只能親自奔走確認。為了掌握正確的資產狀況，我經常拿著產權謄本，實地考察公司所有土地或房地產，並走訪不動產事務所或附近的餐廳詢問公司評價。

短則二、三年，長則四、五年，我都以這種方式摸索研究，全面審視想投資的公司。假如這段期間覺得可以著手投資，便漸漸提高金額。反之，如果覺得不怎麼樣，會立即撤回投資。逐步提高投資金額的過程中，確信這是一家好公司時，才大幅增加投資金額。但接下來仍要持續觀察溝通，不能怠惰。當我投資的公司如預期成長，收益變好的時候，就會在起初設定的目標股價賣出，結束這次投資的週期。

如果個別細看每個案例，其中細節會更加複雜多元，不過大致上這就是股市農夫的投資週期。整體週期平均落在四至五年間。假如預期其價值能持續上升或公司有投資的必要性時，也有可能持有超過十年以上。由此可見，我的投資算是偏長期的投資。

---

① 史考特．蓋洛威：紐約大學教授，連續創業家，曾創辦九家公司。

用幫助他人克服危機的想法買入，用分享利潤的心意賣出

每到初冬，農家的柿子樹上總會留下許多沒摘的柿子，以前的人稱之為喜鵲飼料。人類長久以來都像這樣，到處留下一點食物，不讓鳥禽在豐收的季節挨餓，因為我們深知共存共榮是維持幸福生活的祕訣。

我多次強調股市投資不能著眼在交易，但投資的開始和結束總免不了買賣。每當這個時候，我都會盡可能用分享喜鵲飼料的精神，以共好的心態完成交易。我會這麼做並不是因為自己尚有餘裕，而是為了促進互利，使市場更健全，讓更多人可以分享利益。

像個農夫一樣投資的我，會於充分鑽研公司二、三年後開始投資。因此，買股的當下我都會先預設目標價，一旦達到就賣出。假如公司前景加倍看好，才保留持股。決定是否繼續投資公司的關鍵永遠是公司的成長性，而不是股價的漲跌。偶爾股價在短期內過度成長且超越預期標準時，我會認定該股已涉及投機情緒而賣掉。

有時候，股價持續原地踏步並非壞事。此時我會持續不斷買入，同時繼續研究，以提高信心。如果想買股價變動不大、成交量也不高的公司個股，需要耗費許多時間，這種狀況下，買得稍微貴一點也無妨。公司有難而股價下跌時，當作幫助公司，而不是搶便宜買進。想著反思拋售股票的投資人立場，買在稍微高一點的價格也沒有關係。

農心投資

以美好的心態發掘公司，
以謙遜的精神尊重夥伴，
相較於敵對情緒，應以友好的態度追尋共存共榮的道路。
並以永續的企業價值作為長期投資的原則，
對努力換來的預期收益，懷抱感謝之心。

投資的公司按照預期成長，股價跟著上漲時，我會在達到高點或肩部之前就把股票賣掉。有時，這是為了將資金移轉到已經研究確認過的其他被低估公司。不過，無論是哪種原因，我通常不會等到高點才賣。因為當我賣在高點，就代表有人以同樣的高價被套牢。

有人買下高價股票，進而產生損失，並非好事。那些覺得自已被某人傷害的人們將產生受害者情結，視股市投資為無情的賭場，離開市場不再回頭。雖然我能從中獲利，但應該和他人共享，為他人設想。這樣一來，不但能活化整體市場，更能傳遞股市投資擁有希望和值得引以為傲的概念，使更多人願意為公司提供資金，產生理想的投資文化正向循環。

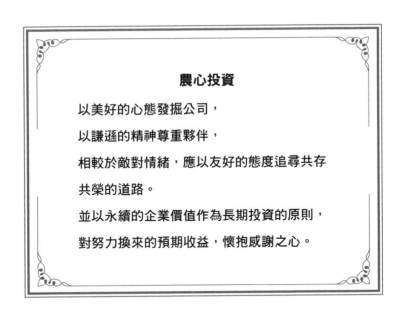

不要因為別人的田地，毀了自己的田地

股市投資時，最該注意的一件事就是心志動搖。貪念和恐懼、嫉妒和猜忌這些情感，動不動就會席捲而來。或許是因為如此，很多人強調，股市投資中修身養性的重要性占了八〇％。必須隨時保持冷靜，習慣於按照原訂的原則和計畫行動。想要像個農夫一樣地投資，務必每天重複既定作業，不受情緒影響，默默地落實計畫。

從容地學習研究股市的同時，如果能夠完全掌握公司的內在價值，就不會過度在意短暫變數造成的股價波動，但很多投資人都做不到。股價延續幾個月的橫盤時，人心會如何轉變呢？買進個股時的信心逐漸減弱，甚或無法冷靜等候，焦慮地直接賣掉。股價下跌的話就更糟糕了，開始感到不安，認為「出事了」。假如重新確認後沒有發現任何問題，只是供需或外部因素導致的下跌，投資人應將其當作低價買進的機會，但這並不容易。

羨慕和嫉妒同樣也是股市投資中常見的情緒。投資往往會牽涉到專注和放棄的藝術。如果有選擇的事物，就有更多沒選擇的事物，沒有人可以得到全部。然而，當您投資的個股一動也不動乃至下跌，其他個股卻連日大漲、甚至漲停時，勢必會出現賣掉持有個股、改買其他個股的念頭。您將受到那支股票的誘惑，想透過它獲利，賺更多錢。但是，您對這支漲停的股票並沒有做過功課。通常這種個股都是因為題材，也就是暫時性的謠言、政治話題，甚至是有人操

作才有所震盪。原本是為了賺錢才買所謂的飆股，卻總是在買進後立刻轉跌，轉瞬間連認賠殺出都來不及，只能被套牢。

仔細想想，羨慕和嫉妒其實可以是鞭策自己的良好心理動機，問題在於這類情緒過於強大，一旦淪陷，理性的思維極易被蠶食。

從相對剝奪感中起步的投資難以成功

假如長期關注股市，會發現一個有趣的現象。很多人高喊「我的人生中絕對不碰股票」這句話，宛如人生信條。然而只要聽說股價指數突破高點，這些原本不動聲色的人全都急忙跑去開戶，甚至連平時正眼都不瞧的新上市股票也熱烈認購。

有一種錯失恐懼（FOMO，Fear of Missing Out）症候群，意指當事人認為只有自己錯過潮流，感受到嚴重被孤立的恐懼感，出現「其他人好像都在賺錢，只有我遠遠跟不上腳步」的妒忌情感。但是，如果因為這種相對剝奪感而開始投資之路，將無法一帆風順。由於這種更想於短期內獲得高報酬率，就像要補償落後的時間，而不是穩紮穩打地儲蓄投資，往往會被幾個月內可以上漲好幾倍的樂透型股票或題材股迷惑。在市場中想取得極高的報酬率當然不是不可能，我也時常聽聞類似的消息，收到數不清投資那類個股的建議。不過，我並沒有看過可以

「穩定」獲得如此高報酬率的人。

這種人開始投資股票後，依然會感受到剝奪感。打開ＨＴＳ系統②，我們可以看到「關注個股」的選項。如果把從各處聽來的小道消息、情報、資訊所說的個股全都加入清單，馬上就會填滿五十到一百個項目。開盤後，點進關注個股視窗，弔詭的是只有自己沒買的股票在上漲。其中如果有個股拉漲停，他們將開始血脈僨張。此時剝奪感會促使人匆忙賣出持有股票，改買其他大漲的股票。不可思議的是，股市就像是有眼睛一樣，賣掉的股票出現漲勢，新買的股票則會下跌。事實上，這不過是大腦意識到剝奪感時所做出的巧妙把戲。其他個股其實同樣反覆著上漲和下跌，只是雙眼早已被情緒蒙蔽，總覺得那些股票看起來就像不斷在上漲。

想要不被情緒左右，必須充分準備和學習，並且管理好自己的心態。對投資人而言，不管從哪個層面來看，其中必備的品德便是記錄和反省。我們體內住著不安、貪念、嫉妒心和猜忌等怪物，一不小心它們就會耀武揚威，使我們心力交瘁。因此，想要投資股市一定要有一顆「果敢的心」。這裡說的果敢和大膽不同，指的是能夠維持堅定不移，打敗不安、貪念、嫉妒和猜忌的決心。

人心很容易動搖。假如老是動搖，非常容易忘記自己在投資，陷入盲目投機的世界。明明是想致富才會開始投資，卻賠光好不容易存下的辛苦錢，徒留莫大的悔恨。為了避免出現這種情況，投資務必遵照原則。

想要做到不失敗的投資時

我作為股市農夫投資時，總結出十分明確的「不會失敗的股市投資三要點」。第一點，必須具備所有權意識，把自己投資的公司當作自己的。如此一來，遇上困難時便能果敢投資，也能在股價波動時保持冷靜且毫不畏懼，一心一意專注在公司的潛力。

拜便捷的交易工具所賜，現在只要動動手指頭就能買賣股票。或許因為如此，投資人本身如果沒有一套明確的標準，便很容易陷入跟風買賣。此外，還很容易淪為傀儡，被隨心所欲控制股價的主力操縱。

我們就算只是想買一支筆，也會先比較哪個品牌比較好，查看價格是否得宜，試著寫寫看，確認好不好用。購買家電用品或車子、房地產時，也會利用線上和實體搜尋資料，親身體驗或試用各種商品。

唯獨買股票的時候，總是顯得衝動和盲目，只憑零散消息就輕易按下買入鍵。但投資究竟由誰全權負責？當然是投資者本人。所有的決定都是自己的選擇，不該做出選擇後再來抱怨受

---

② HTS系統：韓國超人氣Home Trading System 交易系統，集合證券、期貨、選擇權於一身的全方位、人性網路下單視窗app。

騙、被陷害。

第二點，必須經常陪伴自己投資的公司，與之交流。

雖說要長期投資，於買進股票後放著不管並不是正確的投資方式。過程中需要騰出時間和公司溝通並多加檢視，以掌握公司整體經營狀況，防範可能遇到的風險。

股市投資就如同化身一家公司的經營管理者，參與經營的行列；理應和自己經營的公司溝通，思考討論公司未來的方向。不斷和投資公司交流，也能夠逐步強化投資人本身的能力，提高未來成功的可能性。

與投資公司交流的方式有很多種。您可以透過市場調查數據或業界資訊等觀察周遭，或透過競爭對手再確認自己投資的公司是否維持著主導地位。從競爭公司獲知的資訊總是助益良多，因為拚命想上位的第二名公司往往更清楚第一名的強項和弱點。另外，還有很重要的一點，便是要時常接觸和隨時查看相關資料，掌握公司現況。身為和公司同行的投資人，這是基本的態度，同時也是調整投資時間的重點流程。

第三點，必須以閒置資金和時間投資。

投資公司的成長週期最短需要二、三年，長則五年以上，代表這段期間資金將被綁住。「綁住」聽起來可能有點負面，不過只有投入時間，才能取得自身想要的報酬。

假如不是閒錢，而是使用急需的金錢或貸款投資的話，虧損時恐懼感易被放大。當收益未達預期，心理壓力也會很龐大。股價終究會和公司的表現同步，最後向公司績效靠攏。然而股市有太多的人參與其中，並不是所有股票都能吸引人們的目光。

儘管公司竭盡所能，要取得可觀成果仍須花點時間。已提升的公司價值要反映在股價上同樣耗時間，期間參差的噪音等因素會使股價上下震盪，投資人的心理以及供需關係也會影響股價。想要克服這些變數，使股價臨近公司價值，絕對需要時間。

很多人說一開始投資的那筆錢很難籌措。想要準備起步資金，在一定程度上必須勒緊褲帶，撥出錢來投資，僅用剩餘的金額過活。不過，您若選擇花掉這筆錢，錢就沒了；但若是選擇投資，錢會增加。農夫就算再餓，也不會吃掉種子。一袋種子的確能溫飽幾餐，卻必須放棄來年耕作後可以得到的幾十袋幾百袋果實。起步資金也一樣，只要好好節約，到處都能省下一筆錢。

既然如此，我想各位不妨建立一個目標，期許自己這輩子成為某個公司的大股東。總市值一千億韓元（約合新台幣二十五億元）的公司，持股若要達到五%以上，大概需要五十億韓元（約合新台幣一．二五億元）。儘管金額高昂，看似不可能實現，但事實並非如此。如果細心

---

③ 複利：計算利息的方法，利息除了會根據本金計算外，新得到的利息同樣可以生息。只要計算利息的週期愈密，財富增長愈快，年期愈長，複利效應亦會愈為明顯。

研究穩定成長和配息的公司，並於成長週期投資，將能享受到複利[③]的魔法。

我存到三十億韓元（約合新台幣七千五百萬元）前，也是沒日沒夜地忙碌奔走，但在那之後存錢的規模出現了轉變。就像堆雪人的時候，一開始要聚集足夠的雪以滾成相當大小的雪球，要耗費很大力氣，可是當雪球變大以後，只要多滾幾次，立刻就會變得更大，這就是雪球（snowball）效應[④]。途中如果多次跌倒，努力自然會化作泡影，因此我們進行投資的同時，必須更加努力學習研究。

---

④ 巴菲特：「人生就像滾雪球，只要找到濕雪和很長的坡道，雪球就會愈滾愈大。」雪代表資本，坡道是時間，滾動時間愈久，能吸附愈多的雪，得到更大的雪球（投資成果）。

原則9

永遠存在投資的機會

即使股市在未來十年將關門大吉，
也要抱持喜悅的心情找尋想要收購的公司股票並買下持有，
因為他們總是會創造收益。
——華倫．巴菲特

投資者總是甲方[1]，兩千四百家公司等我選擇

開始專職投資以來，我穩定投資的公司多則八十幾家，少則二十幾家，其中幾家公司合作已超過十年，產業分布多元。

人們問我怎麼選擇投資標的公司時，我總是半開玩笑地回答：「我看得到錢，所以只是跟著它的腳步走而已。」如果長期觀察研究一家公司，將能看出它在兩年、五年、十年後會如何轉變。不只是公司，人也一樣。仔細觀察目前的外表和態度，就能得知他是否會成大器。這就是投資人的慧眼和選球能力，只要縝密觀察，絕對能找到答案。股市投資是種發現的哲學，同時也是將時間轉化成財富的堅持哲學。如果找出具有潛力的公司，長期投資，當公司成長的時候就能分享其結果，所以我才會說自己看得到錢。

經過三十多年的投資，我得以看清公司整體的樣貌。以前，我會一一分析營業額和淨利趨勢、資產相關內容、業務報告或財務報表等，現在當然還是需要留心確認那些指標，不過隨著經驗累積，即使只蒐集到片面資訊，我也能描繪出公司未來發展的整體藍圖。很多人把股市投資比喻為選美大會，並不是自己看好的對象，股價就會上漲，重點在於一群評審的看法。須結合自己的觀點和他人的視角，多方審視現在和未來的樣貌。現在不一樣了，創辦人和幾個大股東故步自封是活不了的，我們需要找到跟隨世界潮流成長的公司。現在發展不錯的幾家公司將

分出勝負，滿足現況的公司和果敢挑戰的公司勢必會繳出不同的成績單。

我最近開始投資CJ第一製糖、好麗友、農心、韓菸人蔘股份有限公司等進軍國際市場的韓國飲食（K-Food）公司。所幸股價尚未大漲，我才能陸續買進相關股票。股價待我充分買入且達成目標才上漲時，總是令我開心，這可說是人之常情。我投資的都是別人不熟悉、不關心的公司，股價通常會超過一年沒有明顯變動，只是原地打轉。當公司如預期慢慢秀出績效，逐漸受市場矚目時，股價便開始上漲。此時我會感到激動和喜悅，不光是因為賺錢。那種感覺像是我製作的瓷器或是寫出的交響曲得到大眾的喝采，令人心情澎湃又自豪。

到了配息季，投資的公司會結算這一年間的獲利並支付股息。投資愈多，配息就愈多。收到股息時，總是不由自主感到滿足。這是股市投資帶來的成果和幸福，每天隨著股價波動進出買賣的投資人很難有這樣的感受。

在您面前有兩千四百多家公司（涵蓋KOSPI、KOSDAQ、KONEX）揮著手說：「請看看我！」代表您的機會至少有兩千四百個。有些公司具備顯著成長的能力，只是暫時陷入困境。有些公司外表看不出來，但全體員工正凝聚所有力量，日夜辛勤工作，很快就會

① 甲方：契約書中，主要擬定合約並主導簽署的人稱為「甲方」，而較為弱勢或被動者為「乙方」。甲乙兩方也代表了先後、強弱、大小、上下等關係。

有所突破且取得成果。有些公司雖然目前聲勢不強，不過野心勃勃，準備透過想像力和未來藍圖成為世界第一。

您不想多了解這些公司嗎？您不想和他們共創未來嗎？您不想牽著他們的手，並於身後扶持他們嗎？您只要找到三、四家會讓您想這麼做的公司就行了。多年之後，您就會感受到幸福、滿足、經濟富裕的滋味，沒有道理拒絕這種好機會。

我推薦各位可先從自己熟悉的公司起步，如果能敏銳掌握公司的生態和動向更好。所以奉勸各位最好在四十歲以前，於任職公司盡最大的努力工作，不只埋首於自己的領域，更要多學習經營者如何思考和行動。累積專業經驗和見識後，將有助於尋找和分析投資標的。

韓國股市正在設法解決韓國折價的問題，我很期待跳脫韓國折價之後，名為大韓民國的品牌可以獲得矚目，迎來韓國溢價時代。溢價時代來臨，表示原為韓國本土企業的公司將擴張為國際性企業，尤其那些多元且果敢投資的公司將會在世界市場突破自我。如此一來，目前許多被低估四〇％至五〇％的控股公司②也會得到適當的評價。

韓國的控股公司獲得低評價有其原因。控股公司與子公司經常會同時上市，從控股公司的立場來看，當事業體賺錢或需要金流時，藉由分出該業務部門重新上市，能夠籌集更多資金。但從投資人的立場來看，原本出於信任才投資這家公司，真正做事的事業體卻被獨立出去，另外上市，會想長期投資嗎？此外，還有許多經由上市子公司來創造大股東利益的手段，這裡就不再多說。舉美國的例子來說，Alphabet[③]（谷歌）的子公司YouTube或Android並未分拆上市，臉書也沒把Instagram分拆上市。無論是控股公司還是事業體獲得的收益都匯集起來，完整回饋投資人。儘管沒有相關法條，但這形同資本市場的不成文規定，企業如果不遵守，將難以倖免於殘酷的市場估值。未形成「以股息共享成果的文化」這點，是控股公司受到低估值的另一個原因。

我們一定要打破這種慣例，控股公司必須致力於自我轉型，政府則必須修訂相關法律制度。同時間，如果控股公司得以成為一個平台，經由多元的投資活動拓展事業領域，上市股票將會得到嶄新的評價。不僅是三星物產（Samsung C&T）、SK、LG、CJ、韓華[④]（Hanhwa）等大企業的控股公司，中小型企業或中堅企業之中也有很多控股公司估值低於事業體的情況。這些公司如果能打破慣例，積極導入股東回饋政策，公司價值勢必能得到重新評價。

二〇二〇年底，我正式開始投資的IDIS Holdings擁有IDIS、Kortek、Bixolon、

② 控股公司：強調不自己生產商品或服務，而以「純粹持股營運」為目的。
③ 美國加州的控股公司，谷歌重整後成為其旗下最大的子公司。
④ 韓國十大財團之一，產業跨足化工能源、建築、金融等眾多領域。

IDP等子公司，近期更收購了KT Powertel⑤，是一家積極投資的中型控股公司。本來我投資的股份並不多，但聽完金永達（Kim Young-Dal音譯）董事長的想法後，決定大幅提高投資金額。他的夢想是長期培養公司，透過股息分享獲利，打造一家優良企業。他投資的事業體幾乎沒有赤字，每年穩定獲利，並且是各領域中的頂尖公司。反之，持股公司IDIS Holdings本身有許多負債，賺來的錢未列入公司保留盈餘，選擇積極投資，不斷強化投資平台的形象。出於對這家公司以及董事長計畫的信任，我選擇投資它。

我長期投資的一家製藥公司——柳韓洋行（Yuhan Corporation）也有相似的背景。儘管公司擁有三十多個前景看好的事業，皆未拆分上市，而是匯聚所有成果，維持公司結構。依據創辦人柳一韓（Yoo Il Han音譯）博士的理念，認為企業活動應立足在社會責任和倫理標準。當時他所建立的正派企業管理哲學，實為ESG時代的先驅指標。

我們不該放任證券市場淪為大股東的資金調度工具。雖然沒人會指派我去當副總理⑥，但我還是想站上那個位子，從根本打破這種窠臼。就算法律和制度有利於大股東，各家公司還是必須勇於改變這件事，未來才有機會繼續成長，在國際市場獲得合理的評價。

我認為在大型控股公司之中，三星物產屬於高投資價值的公司，它是一家具有建設、貿易事業，以及擁有集休閒、時尚、餐飲於一體的愛寶樂園和高爾夫球場的綜合企業。光是三星電子和三星生技（Samsung Biologics）的持股價值便高達五十兆韓元（約合新台幣一．二五兆元），但物產本身總市值不到二十五兆韓元（約合新台幣六二五〇億元）。

二〇二一年總市值名列前茅的多音通訊、Naver等平台公司出現明顯漲勢。它們不只是使用者的平台，同時也是投資平台，且藉由平台這個窗口，無限開通蓄積資金的管道。透過建立和客戶之間的連結，以此為基礎不斷創造盈利。這類企業將會賺進大把鈔票並主宰世界。美國的FAANG[⑦]（臉書、亞馬遜、蘋果、網飛、谷歌〔Facebook、Amazon、Apple、Netflix、Google〕）同樣也是平台公司。

然而這種平台並不局限在線上，未來控股公司也將轉變成投資平台公司。利用母公司賺來的收益，投入各式各樣的產業和市場，捕捉賺錢機會。此領域的翹楚正是SK，搶占先機收購海力士（Hynix），還持續投資氫燃料電池公司普拉格能源（Plug Power）、東南亞優步（Uber）Grab[⑧]，以及醫學影像診斷技術公司Nano X等尖端產業。

時代日趨講求ESG，迫使各家公司加速轉型。減碳的環保運動、善盡社會責任、提升

⑤ 現名為IDIS Powertel。
⑥ 韓國的企劃財政部首長會同時兼任副總理，故作者在此用財政副總理稱呼財政經濟部首長。
⑦ FAANG：五檔美國科技巨頭股票，一般稱為「尖牙股」。
⑧ 東南亞最大的叫車平台，事業版圖正擴及外送、支付、訂票等服務。

管理結構透明度等項目，將成為左右公司成敗的決定性因素，尤其公司治理更是韓國企業非跨越不可的一大障礙。必須改善繼承、複雜的組織管理、一人公司等偏袒大股東的經營形態。此外，也該努力提升股息等股東價值。站在投資人的角度，我絕對舉雙手贊成改善投資環境。

三星好不容易跨越了一座障礙。公司接班時發生的醜聞，是第一大公司三星亟需解決的課題。在維持高股息的同時，更須光榮繳納遺產稅，再次成為值得驕傲的國民企業。

現代汽車和起亞（Kia）正邁向全球市場，它們得以站上全球市占率第五位，現代摩比斯（Hyundai Mobis）厥功甚偉。原本是現代集團射出成型外包商的現代精工，於納入現代汽車集團旗下後，改名現代摩比斯。而後併購起亞、統一生產全數零組件、擴大投資和生產規模的任務，落在現代摩比斯身上。與二〇〇〇年相比，二〇一九年總資產已來到四十六兆韓元（約合新台幣一・一五兆元），成長高達十九倍；營業額是三十八兆韓元（約合新台幣九千五百億元），提高了二十倍；淨利則是二・三兆韓元（約合新台幣五七五億元），躍升十一倍。在國內，可說沒有一家汽車零件公司能和現代摩比斯相提並論。這家公司始於國家政策推動汽車產業，以引進、仿製其他國家的引擎起家，但現在已搖身一變成為世界前五大，高級車款逐漸受國際肯定。與此同時，氫能車[9]和電動車也正在加速發展。隨著汽車製造業打算轉型未來移動解決方案公司，今後軟體的重要性可望大幅提升，不再讓硬體專美於前，我很早就開始關注負責這塊領域的Hyundai AutoEver[10]並進行投資。考量大型企業內部難免會有提供出資公司業務、技術和人員，幫助大股東獲利的情形，投資過程必須衡量公司未來重心轉移的狀況。

ＫＣＣ於前任會長過世後，分家成為ＫＣＣ、KCC Glass Corporation、ＫＣＣ建設。ＫＣＣ是代表性的內需公司，主要販售建築材料、玻璃等商品。公司為了進軍國際市場，砸重金收購排名世界第二的矽膠廠商——美國邁圖（Momentive）公司。很多人認為這是衝動投資，股價隨之暴跌。二〇一七年落於三十萬至四十萬韓元的股價，二〇二〇年中已跌至十五萬韓元，比疫情爆發時更加低迷。有趣的是，此時恰好完成遺產贈與繼承。ＫＣＣ投資的公司（三星物產、ＫＳＯＥ[11]、現代摩比斯等）皆績效不俗，也有許多子公司值得入股。再加上主要以大股東持股和庫藏股為大宗，流動股並不多，如果有成長性作為後盾，股價勢必可以上漲相當幅度。特別是高科技產業下游大都需要矽膠材料，前景看好。接班的事情告一段落，不確定性幾近消除。未來若是能多提供股息，提升公司價值，將會成為更大的公司。

股市投資的同時，還須仔細審視各家公司內部隱情，實屬悲哀。無法單憑公司成長週期投

⑨ 氫能車：以車上儲存的氫氣於燃料電池堆中反應，轉化為電能以驅動馬達，行駛過程中僅排放水，因此被稱為「終極環保車輛」。

⑩ 現代旗下公司，主要開發製造車用行動軟體服務平台、生物辨識技術等。

⑪ 全名Korea Shipbuilding & Offshore Engineering Co. Ltd.，是現代重工的造船事業體。

資是韓國股市的現實，但普通人很難獲知這些公司的內部消息。不過，假如能挑出幾家公司，深入研究和合作，還是足以掌握公司動向。

二〇〇八年度前十大公司和二〇二一年度前十大公司

二〇二一年一月，KOSPI指數突破三千點時，我預期指數將穩定上升，主張「指數突破三千點不過是個開端」。當時很多人對市場抱持著悲觀態度，覺得指數上揚是種反常，會有這般想法可能來自這十年來股價一直徘徊在二千點上下。有些人則認為是因為新冠肺炎疫情，造成流動性增加，指數才暫時向上。但是，不知不覺中三千點成了基準線。二〇二一年五月的現在，幾乎沒人覺得指數會跌回三千點以下。曾經聲稱上升指數不過是泡沫的人們，隨著公司業績好轉，指數持續上揚，也開始認清這件事。

韓國股市成長的原因很簡單。許多具備競爭力的公司正奮力成長，國民觀望資本市場的視線和參與度也有了極大的轉變。現在很多人都認為「股市投資是一生中必做的事」。

讓我們回顧一下吧！韓國股市變化之快，可比擬稱為漢江奇蹟的韓國產業發展速度。日本殖民時期雖已出現股市的雛形，但富現代意涵的證券交易所須等到一九五六年三月才於明洞初登場。起初股市只有朝興銀行[12]等銀行和券商、京城電氣（KyungSung Terminals Co.）、京城紡織（Kyungbang Co. Ltd.）、朝鮮運輸（Joseon Transportation Company）等十二家公司。後來，朴正熙政府為了扶植產業，積極推行各家公司上市。七〇年代中期，上市公司超越一百家，正式形成股票市場。但在這個時候，外資還不能投資國內股市。

一九八五年起，韓國股市在油價、利率、美元三者皆低檔的帶動下迎來好景氣。一九八五年底僅有一六三點的綜合股價指數，在一九八九年三月首次突破千點。證券公司職員被選為最適合當老公的職業，人氣極旺。不過，股市於一九八九年末開始暴跌，一九九〇年九月時甚至摔到五六〇點。此時憑藉信用交易投資的散戶，即便脫手所有持股，依然無法還清債務，頭一次出現所謂的「空殼帳戶」。當時許多投資人損失慘重，黯然離開股市。一九九九年創投熱潮興起，KOSDAQ股價飆漲，後於二〇〇〇年暴跌，投資人再度蒙受巨大損失。

那麼不同的時代背景下，又是哪些行業受到市場注目呢？七〇年代是經濟開發的時期，由現代建設、大林產業、韓逸開發（Hanil Development Co. Ltd.）等營建產業主導。八〇年代以出口產業作為主力，現代汽車、三星電子、油公、金星、大宇重工[13]等公司備受矚目。九

⑫ 朝興銀行：韓國最古老的銀行之一，二〇〇六年時已和新韓銀行（Shinhan Bank）合併。

⑬ 大宇重工：六〇年代後期創立的跨國企業，後脫離大宇集團，另起爐灶。

〇年代領頭的則是韓一銀行[14]、第一銀行[15]、商業銀行[16]、大信證券（Daishin Securities）、東西證券[17]等金融機構。邁入二〇〇〇年後，現代重工[18]（Hyundai Heavy Industries）、大宇造船（DSME[19]）、三星重工（Samsung Heavy Industries）、斗山重工（Doosan Heavy Industries & Construction）等造船機械業大受歡迎。

一九九二年一月，外資投入韓國股市獲得許可。各家公司開始關心經營績效和財務透明度。同時還導入了期權期貨這類金融商品，眼下講求的科學投資技術也是從這個時期普及化。外資的總市值占比瞬間超越四〇%，他們在這段期間大大加強了市場影響力。開放資本市場當時，主流為營建、金融、貿易相關類股，外資大舉收購泰光實業（Taekwang Industry）、韓國行動電信[20]、Shin Young[21]、大韓化纖（Daehan Synthetic Fiber）等被低估的股票。藉此，這些個股在短期上漲了五至十倍之多。

您怎麼看？雖然只是簡略整理，還是能描繪出過去這五十幾年來的韓國股市變遷。在這短暫的時間以內，無數公司萌芽、成長、衰退，然後滅亡。

不用想得太遠，比對二〇〇八年總市值前十大公司和以二〇二一年一月底為基準的總市值前十大公司，可以發現除了三星電子之外，其他公司都已跌出排行榜。不僅韓國有此現象，國際企業同樣如此。不過十多年，過去那些重厚長大型[22]產業的地位已被半導體、電池、生技、汽車、平台公司取代，世界順位中有七家平台公司名列前茅。將來的變化速度恐怕只會更快，目前尚不存在的公司也有機會崛起。

如此短暫時間內，排名頂尖的公司全數洗牌，意味著身為投資人的我們出現更多機會。有幸從創新和變化的轉捩點中存活迄今的我們，將來仍有無數驚人的機會。只要做好準備，無論是誰都能享有巨大的財富。

⑭ 韓一銀行：現名友利銀行（Woori Bank）。
⑮ 第一銀行：於二〇〇五年被渣打銀行收購。
⑯ 商業銀行：一九九八年與韓一銀行合併。
⑰ 東西證券：一九九八年破產，取消證券經營許可。
⑱ 現代重工與斗山重工、三星重工為世界三大造船企業。
⑲ 大宇造船：全名Daewoo Shipbuilding & Marine Engineering。
⑳ 韓國行動電信：SK電信前身。
㉑ Shin Young：韓國一家生產車體零件、模具和自動化設備的綜合工程公司。
㉒ 指鋼鐵、石化、造船等產業。

排名變化

國際企業			韓國企業		
2008年→2021年			2008年→2021年		
第1名	中石油	蘋果	第1名	三星電子	三星電子
第2名	艾克森美孚（Exxon Mobil）	沙烏地阿美[23]（Saudi Aramco）	第2名	浦項鋼鐵（POSCO）	SK海力士
第3名	奇異	微軟	第3名	韓國電力	LG化學
第4名	中國移動通信	亞馬遜	第4名	SK電信	NAVER
第5名	微軟	Alphabet（谷歌）	第5名	現代重工	三星SDI
第6名	中國工商銀行	騰訊	第6名	國民銀行金融集團（KB Financial Group）	三星生技
第7名	巴西石油（Petrobras）	特斯拉	第7名	新韓控股（Shinhan Bank）	現代汽車
第8名	殼牌（Royal Dutch Shell）	Meta（臉書）	第8名	韓菸人蔘股份有限公司	賽特瑞恩
第9名	AT&T[24]	阿里巴巴	第9名	LG電子	多音通訊
第10名	寶僑（P&G）	台積電	第10名	KT電信	起亞

學習得愈多，機會之門就愈敞開

我國資產軸心逐漸轉移，使資本市場看起來比過去更樂觀。有些人分析是疫情供應大盤充裕的流動性，增進流入市場的資金才會如此，但我認為此般說法不足以說明一切。

政府高官、國會議員、大學教授這些社會地位較高的人，以往對股市並沒有好印象，也不懂資本市場的功能和作用。由於他們無法善加引導政策制度和大眾認知等，資本市場上的玩家多為外資和企業主，形成一個扭曲的競技場。

然而，擁有金融知識的散戶開始改變遊戲規則。由於散戶率先挺身而出，資產家和社會有力人士只好緊隨其後。我相信當國民愈來愈關注股市，制度法條將被改善，投資環境也會愈來愈好。

更重要的是，韓國實在有太多公司被低估，投資人渴望投入資金的公司比比皆是。因此韓國股市的機會無所不在，滿地皆有散落的寶藏等待挖掘。

舉例來說，有一項指標以公司的市場價值（EV，Enterprise Value）除以公司稅、

㉓ 沙烏地阿美：全名為沙烏地阿拉伯國家石油公司。

㉔ AT&T：美國最大的固網及行動電話服務供應商，並提供寬頻服務。

利息折舊攤平前盈利（EBITDA[25]，Earnings Before Interest, Tax, Depreciation and Amortization），稱為EV／EBITDA指標。以這項基準來看時，韓國股市不只低於美國和歐盟，甚至還比台灣、日本低估超過三〇%。

加上韓國企業正從快速追隨者轉型為先驅者，先前韓國業者汲汲營營模仿業界龍頭，但現在已經能夠領先他國，做出最早問世的產品。

一邊衝刺後，一邊來到最前方。二〇〇八年，以快速追隨者為大宗的時代，總市值龍頭是汽車、船舶、煉油、電子、化工等重工業。但未來邁向先驅者世代後，龍頭公司將轉變為立基知識資訊的尖端科技產業、生物科學產業，以及提供新運輸方式和開啟航太時代的產業。

我們是一個無論人力結構、產業結構，抑或IT基礎建設等層面，都已做好準備的國家。其他先進國家實際上從我們身上找到相較於自我評價更高的真實價值。

二〇二一年七月，受邀亞洲領導力會議（Asian Leadership Conference）的美國前任、現任議員及部長接受訪談時，就曾不斷稱讚韓國基礎建設已達世界最高水準。我們具備充分的條件，能夠比其他國家更快躍升成為先驅者，更有韓國人蘊含的獨特熱情、興致、才華，足以領導世界。

許多先驅企業用平台作為基石，從韓國文化內容產業發跡。這裡提及的韓國文化內容產業不局限於演藝、網漫、遊戲等典型內容領域。

凡是和「生活風格」相關的知識產物都在此範圍。飲食裝扮被賦予意義，打造酷炫形象抓住世人的目光。就像全世界粉絲迷上BTS[26]和BLACKPINK[27]那樣，所有我們生產的產品盡皆風靡全球的熱情粉絲。

想在資本市場獲得投資人的青睞，各家公司必須加速改變，改善不透明的管理結構和大幅提高配息率。

值得慶幸的是，二〇二〇年韓國上市公司配息率相較於前年度有相當的成長。KOSPI上市公司配息額度達三三・二八兆韓元（約合新台幣八三二〇億元）以上，對比前一年大增五七・四%。三星電子現金股息總額高達二〇・三三八兆韓元（約合新台幣三八二〇億元）。雖然配息是件吃力的事，但我認為這種趨勢應於未來持續擴展到其他公司。KOSDAQ同樣增加了一兆七五四七億韓元（約合新台幣四三八億元），相較前年增長一一・七%。大股東不應以薪資的名目分紅，而該透過股息共享公司的成果。這樣一來，投資環境才會變好，吸引更多投資人，將這塊「餅」做大。

㉕ EBITDA：用來評估公司獲利的指標之一，是指公司未計利息、稅額、折舊、攤銷前的利潤。

㉖ BTS：防彈少年團，成立於二〇一〇年的韓國男子音樂團體，屢獲國際大獎。

㉗ BLACKPINK：成立於二〇一六年的韓國女子音樂團體，粉絲遍布全球。

此外，金管單位必須盡力完善配套政策，以利小股東的長期投資。打造一視同仁、大股東也該透過股息分享公司績效的環境，使一般投資人可以共享公司創下的成果。為此有必要制定擴大股利所得分離計稅的劃時代政策。朴槿惠㉘當政時期，從企業所得回流稅制和增加家庭所得的層面著手，暫時將股利所得分離計稅從原本的一五．四％降到九．九％。這項政策提升了各家公司的配息率，也對家庭所得有很大的貢獻。由於那時投資股市的人仍屬少數，此舉被批判是獨厚特定集團。但像現在這樣全體國民投入股市的大環境下，這個政策能夠發揮等同災難補助金的效果。今後如果想要打造投資環境，令投資人可將股息當作退休金，勢必需要更多這類打破常規的措施。

我認為，韓國綜合指數再過不久就能迎來四千點或五千點的時代。所謂的韓國折價，肇因於韓國獨有的地緣政治問題、低配息率、不透明的公司管理結構、有限的資本市場認知能力，但這些因素正在改變。原本偏重於不動產市場的資產正轉往資本市場，保險或儲蓄的資金也移向股市。這並非單純的流動性擴大，而是供需狀況起了變化。傳統上只有機構和外資有能力發揮的韓國股市，將步入散戶活躍參與的正向循環。相較於利用短線炒股獲利的潮流，不如建立一種投資文化，藉由長期投資促進公司發展以持續享有成果。如果能讓大批散戶的資金流入相對更好的公司，形成更透明的經營風氣，將可望改善相關法度和證券市場的環境。

投資自己夢寐以求想收購的公司吧

變化的時代，要如何選擇投資標的公司？

這並不難。首先，只要選出希望自己的小孩就業的公司就行了。父母時常會對孩子嘮叨，盼望他們認真讀書，找個好公司就職。但要進到那種公司不容易，假如無法被錄取，至少要持有股份，成為公司的所有人。

其次，選出當自己有錢的時候，會夢寐以求想收購的公司。而且就算只買一股，也要當作自己買下一整家公司。

我們每天都會遇見無數的公司，無論是逛菜市場或走在路上，抑或登山、打高爾夫、釣魚、露營等休閒活動，都會使用到公司提供的商品和服務。假如能抱持好奇心觀察日常，將會發現值得投資的好公司無所不在。是自己沒有錢，絕不是沒有可投資的公司。

我有投資一家叫作Interojo的公司。這是一家製造隱形眼鏡的公司，聽說最近自家品牌「clalen」彩色鏡片（美瞳）十分熱賣。疫情爆發時期，營業額曾因居家辦公興起，一度下滑陷入苦戰。但由於戴口罩的緣故，大家出門都只剩一雙眼睛，沒有其他可裝扮的地方，因此能

㉘ 朴槿惠：大韓民國第十八任總統，南韓憲政史上首位女性總統，也是首位因彈劾下台的總統。

夠使眼睛看起來更漂亮的彩色隱形眼鏡自然廣受好評。這家公司透過技術開發，推出優於競爭對手商品的透氧率，能讓眼睛較不易疲勞的矽水膠彩色鏡片，以及抗藍光隱形眼鏡等利潤極佳的商品。更獲得競爭對手肯定，代工生產，以出口中國、歐洲、日本等地。盧時哲（Rho Si-chul音譯）會長是一位績效導向、本質管理的稱職經營者。平時不但閱讀我的書籍，還積極反映在經營層面，善盡社會責任，可謂是開放式經營的管理人。這家公司未來相當令人期待。

我從幾年前便開始投資航太相關公司，很早就買入韓華收購的Satrec Initiative[29]、韓國航空宇宙（Korea Aerospace Industries，KAI）等股票，成為股東。最近我還買了韓華Systems，許多人把自動駕駛車輛視為動力機械的未來，但我覺得UAM（Urban Air Mobility，城市空中交通）市場應該會更快來臨。現代汽車同樣致力於這塊領域，不過最亮眼的還是韓華Systems。每次往返濟州島，我都會仔細觀察金浦機場展示的韓華Systems四人座無人機。它被展示在機場的一角，來往的人們往往直接路過，但我會像個小孩一樣，前後左右繞著它看，想像空中計程車載著乘客，從汝矣島到金浦機場，再從機場到都心的畫面。當然，韓華Systems的事業計畫是否能夠成功，創造盈利，仍是未知數。雖然已多次經由有償增資籌資，兩三年內仍須繼續投入資金。但我認為這塊領域即使無法立即獲利，耐心等候自會漸入佳境。

航太產業將成為先進國家拓展舞台的領域，且是將來發展6G通訊[30]等項目必需的基礎措施，可將其視為國家積極培養的主力產業。儘管我們身處一片荒蕪的產業環境，汽車、鋼鐵、化工等產業仍展現了出色成果。企望未來能夠製造客機、人工衛星、太空船等，引領邁向宇宙時代的全球市場。韓國航空宇宙（KAI）合併了大宇、三星、現代的航空部門，作為國家計畫的一環而啟動。它是最大的國防企業，由政府防衛事業廳[31]（Defense Acquisition Program Administration）進行管理，與國家政策一脈相連。合作和研究的過程中，我選擇長期投資並相信它具備潛力，得以在未來突破十兆韓元（約合新台幣二五〇億元）的總市值。它不僅是一家經營客機、太空船、衛星、火箭和所屬零件相關設計、製造、販賣、維修的公司，同時也在開發韓國自製戰鬥機和小型武裝直升機，往後將成為代表性企業，帶動韓國的航太產業。

可能會有人覺得我不合適，不過我也投資了一家名為明途真科技（me2zen）的遊戲公司。這家公司設立於香港，研究單位則位於北京，所以投資人總是誤會它是一家中國公司。然而無庸置疑的，它其實是一家被韓國管理團隊收購的韓國公司。它的收益來自線上賭場娛樂和休閒遊戲，玩家主要是分布在北美和歐洲的中年族群，並穩定成長中。每日盈利約有一億韓元（約

㉙ Satrec Initiative：韓國的衛星製造公司，一九九九年由KAIST衛星技術研究中心開發第一顆韓國衛星的工程師創立。

㉚ 6G通訊：第六代行動通訊系統，是5G系統後的延伸。

㉛ 隸屬韓國國防部，主要負責任務為提升國防實力和培養發展國防工業。

合新台幣二五〇萬元），由於遊戲已經完成開發，維持費用也不高，持續累積金流，配息率約達四〇％，算是十分穩定。總市值大概三千億韓元（約合新台幣七十五億元）出頭，本益比不超過七至八倍。以一般標準來看，遊戲公司的價值至少應有二十倍，最高更可達五十倍，可說相當被低估。再加上它即將推出新的休閒遊戲，未來值得期待。因為已經穩當獲利，將來開展的新事業將成為超額收益[32]。休閒遊戲的特徵是費用不高，一旦熱銷，附加價值非常龐大。孫昌旭（Son Chang-wook音譯）董事長在遊戲開發方面有豐富經驗，也很擅長市場行銷和經營管理。說實在這是一家令我想擁有的公司，但我沒有遊戲產業經驗，也沒有這方面的能力。因此，管理就交給優秀的管理人士，我則負責共享成果。

只要繳交規費和交易稅，就能成為那些自己想擁有的公司的合夥人，這就是投資的趣味。您想和哪家公司同行呢？哪家公司可以負責自己的未來呢？假如您能多方尋找，深入研究學習，然後投入時間去投資，必定會取得成功。

想像往後三年、五年、十年的未來

卓越的投資人會放眼全世界，靈活敏銳地捕捉改變的方向。只把踢球當作晨間運動的人習慣追著球跑，職業選手卻會守住關口。股市投資者也一樣，卓越的投資人是「屬於未來」的人，他們帶著遠見想像未來，同時反思現實、面對數字。因此，卓越的投資人冷靜和理性的另一面是感性單純的特質。

我認為新的資訊和知識會與腦中原有的東西相結合。無論將來如何發展，若無法自己思考想像，就會變成與自己無關。不僅如此，投資人想像的未來必須和現實中的產業緊密結合，否則只能淪為空想。

股市投資的本質在於事先將自己的資金投注在「未來」的成功，所以該具備「展望未來的投資人眼光」。這裡的未來基本上是指往後的三年、五年、十年。假如感覺得到世界的脈動，就會知道往後哪種產業或行業將前途光明，掌握到什麼公司能替自己為未來做準備。

我投資三千里自行車以前，曾判斷自行車將超越輔助型運輸工具，走上休閒化。颳起特定「風潮」時，許多人不會直接聯想到投資。這是因為他們不習於將想像未來的習慣和投資連結，要時常啟動習慣的思考迴路，才會更加熟練。我們必須經常把平時的經歷聯想到投資，這正是投資人的觀點。

看見自行車族群日益增加，您有什麼想法呢？當您發覺大樓內家家戶戶玄關前都有上鎖的自行車，又想到什麼呢？而看著那些戴上安全帽、身著緊身褲的人，裝備齊全地成群騎車的模

㉜ 超額收益：超越預期的收益率，等於實際收益率和正常收益率的差值。

樣，您又做何感想？只是打個招呼就擦肩而過嗎？

多數人看到別人身著高價戶外休閒服享受登山時也是大同小異，只是不以為然地覺得：「韓國人真奇怪，連聖母峰也在爬……」若看到熱衷於將露營車全副武裝，往山上和海邊跑的人，則感嘆「他的錢花不完吧？」相反地，有些人觀察到這種現象後，開始研究三千里自行車、太陽、大陸製罐、Youngone Trading[33]、Hansae[34]、The Nature Holdings[35]這類的公司。

股市投資人看到自行車熱潮時，不應只是籠統地認為市場將會成長，而該確認是誰做出這個品牌，對其市場支配能力、持股結構、商業模式等感到好奇。且要透過搜尋統計數據，了解使用者的年齡性別趨勢。然後拜訪賣場，詢問更換週期。當自行車受歡迎時，還要找出能夠同時熱賣的商品。

從投資人的角度著眼時，好奇心會不斷湧現，有愈來愈多東西等著查找、學習、詢問。想在日常生活中掌握趨勢、發掘投資機會的話，必須習慣無止境的發問和思考，訓練自己回頭看看曾經忽略的事物，學會提出問題。這自然不是一蹴可幾的事，需要練習的過程，將思維轉換成「投資人」的思考迴路。

想像未來、發問、思考，是經由股市投資致富的第一道關卡。如果這麼做的話，過去曾覺得枯燥乏味的事情將變得充滿樂趣。最好能養成習慣，每一兩個月至少找一個主題深入探索學習。一開始絕對耗時費力，有時候也會因為缺乏先備知識[36]，無法理解查詢到的資訊，這時必須參考相關書籍，累積素養。

投資人須關注世界變化，捕捉其中得以賺錢的關鍵。但不追求很快見到成果，而要追求須比別人快半步行動。即使無關股市獲利，也要涉獵世界發生的事。投資人必須非常具體地考量流行與趨勢連結了哪些產品和服務銷售。然後找出值得投資的公司，研究學習的同時觀察其股價，適時買入股票。

出現在每個人眼前的機會是平等的。不過，只有事前做好準備的人看得見機會。無論是到哪裡，都要先卡位等待。

㉝ Youngone Trading：生產和出口機能性戶外休閒服飾和運動鞋的公司，並於韓國國內經銷知名品牌North Face。

㉞ Hansae：是一家專門接收美國訂單製作出口服飾的韓國公司，買家涵蓋世界各大品牌。

㉟ The Nature Holdings：是一家專門製作經銷戶外休閒產品的公司，曾獲《國家地理雜誌》授權銷售同名系列產品。

㊱ 先備知識（prior knowledge）：可界定為「學生帶進學習過程的知識、技能或能力」，包括長期累積的知識。

原則10

用正確的心態長遠思考

股市投資是贈與人類偉大發展的崇高行為，
不僅提供富裕的物質生活，還帶來精神富足。
——約翰．坦伯頓爵士[①]（Sir John Templeton）

心的器度要比錢的器度更大

我會把「用正確的心態長遠思考」這個原則放入股市投資十誡其來有自。假如公司或社會認為不管如何發展，只要有賺錢就夠了，或是投資人一心想賺錢，就很難成功。總而言之，心的器度如果夠大，自然而然會裝進財富。

試想，在頭上頂著一碗水行走，即使稍微晃動一下，水也會溢出來。但若是容器夠大，裝在裡面的水就不容易灑出來。如果把水比喻成投資人會遇到的各種變化，容器就是投資人的內心。倘若心的器度不夠，一點瑣事也會患得患失，輕易動搖。

很多人說羨慕我，嚮往能和我一樣富有。但反過來想，股價只要下跌一%，我的帳戶就會有十億韓元（約合新台幣二千五百萬元）蒸發。可能有人會認為：「反正錢那麼多，哪有差？」事實卻非如此。世界富豪梅耶・羅斯柴爾德[②]（Meyer Amscher Rothschild）曾說：「想要賺大錢，必須同時具備相當的膽識和謹慎。但賺大錢之後要維持，需要的能力是十倍。」如果內心器度太小，每天都會面臨損益帶來的壓力。控制心態是我能夠賺錢的重要因素，如果我陷入搖擺不定和跟風的交易方式，早就失去一切。

如果帳戶餘額只有一千萬韓元（約合新台幣二十五萬元），就老是因為股價漲跌，心裡七上八下，當餘額變成十億、百億、千億韓元時該怎麼辦？許多人建議投資人以長遠的眼光投資，每天堅持該做的事，是有原因的。

世界經濟、國內景氣、公司內外狀況、競爭公司等環境隨時都在改變。投資人不能一遭遇變化，就任由自己的心隨之起舞。必須像個老練的弓箭手，雙腿站穩，毫不動搖地直視靶心，守住自己的位置。

相較於其他人來說，我算是很呆板的投資人。最少會用三、四年，甚或長達十年以上的時間和公司交流，期待它的成長，這是因為我把自己當作公司的主人。就算短期內成長性不高，仍會穩定投資獲得高估值的公司。雖然感覺像在繞遠路，但就是這樣的原則讓我致富。更重要的是，身為一個投資人這點令我引以為傲。

大同工業（現稱大同）是我投資已久的公司，自二〇〇三年買進該股後，已經陪伴交流超過十年，目前大部分的股份已經脫手，僅剩少量持股。它是農業機械領域中首屈一指的公司，擁有獨家技術。不過，由於客群是農民，利潤並不高。現今的韓國農業無法擺脫勞動密集的小

---

① 約翰·坦伯頓爵士：生於美國，是英國著名股票投資者、企業家與慈善家，曾以著名的逆向操作型價值投資，創下四年翻漲四〇〇%的驚人成績。

② 梅耶·羅斯柴爾德：羅斯柴爾德家族為十九世紀世界上最富有的家族，同時也是世界近代史上最富有的家族。家族財富涵蓋括金融服務、地產等極為廣泛的領域。梅耶·羅斯柴爾德為家族創始人。

規模形態，所以很難提高農業機械的價格。有鑑於它是社會上必要的產業，公司經營模式偏向保守穩定。值得慶幸的是，它的產品不只在美國和中國受到矚目，也正努力開創法國、英國等歐洲國家，以及紐澳市場。依照我的原則來看，雖然這種公司沒辦法立即賺錢，仍要長遠投資。

或許有人會指手畫腳，認為我的作法愚蠢又死腦筋，但我相信這是股市投資的王道。協助一家對社會有幫助的公司價值獲得肯定，直到其內部累積一定的能量展現成果。即使目前無法憑藉它獲利，也要投資這家為了未來致力研究的公司。這不光是想到我自己，也是考量大局後尋得的共存之道。

根據二〇二一年資本市場研究院調查，新冠肺炎疫情導致股市暴跌之後，二〇二〇年三月起算六個月內加入國內股市的新進投資人，有近六〇%遭遇虧損，起因於他們傾向短線交易。其中多數屬於投資中小型股、二十多歲、男性、小額投資族群。他們認為股市投資是大好機會，追買成交量集中、漲幅偏高的個股，雖然獲利了幾次，最終卻虧損收場。這些數字證明頻繁買賣並非可行之路。

想讓內心不跟隨起伏的股價動搖，唯一的辦法就是專注於「公司價值」，一心想著要賺錢反而賺不到錢。不要跟著錢走，而要讓錢跟著自己。必須控制自己的內心，靜下心來，沉著擦亮雙眼，才能找出好公司。

股市投資並非一手交錢一手交貨的買賣遊戲

現在正是股市投資的非常時代。在這個媒體變得多樣的年頭，到處都是對股市投資提出建議的資訊。接觸股票到某種程度後，很快就會適應那些專業詞彙。假如看過成功案例，憑股票賺錢看起來也不是難事。

如果股市投資中有學位制，電視節目出現的專家可說是博士。他們接受過專業教育，並長期任職於有名的投信公司或證券公司，熟知困難的術語或理論。然而，他們的投資績效表現也像學識一般亮眼嗎？股市投資不是比賽「誰知道得比較多」，而是從實戰中賭上自己寶貴的財產，取得結果的行為。

對於真正的投資人來說，只有「公司的成績單」才算必修科目。圖表、市場行情、匯率、利率等外生變數不過是通識課，線圖或買賣方動向、供需情況等亦然。基於方便，我會用「買股票」的說法，但絕不會認為自己是在買賣股票。買入股票代表「成為投資標的公司的主人」，所以我買下股票意味著開始經營一個新事業。

要知道，很多人視為股市投資祕訣並努力學習的那些技術，和「股市投資成功」相去甚遠。各種號稱能賺錢的技巧，比如基於恐懼和貪念的短線操作、情報買賣、跟風買賣、借助行情股和題材股的盲目買賣等，往往都是必敗的技術。

投資人必須確立「股市投資等於我的事業」這個等式。如果想成是自己的事業，會從何處著眼呢？您將看向商業的本質而不是股價，然後畫出藍圖，描繪出這個事業有多少前景，以及公司未來要扮演的角色。

股市投資是最好的經濟學教科書

想像一下，有一天您在無人島孤立無援，生存必須仰賴一己之力。想要逃出這座島，需要動員所有知識和努力，您會怎麼做？起初應該會感到驚慌，但會馬上想辦法解決，找出取得飲用水的方法、採集食物的方法、生火和準備安身之地的方法、驅離野獸的方法等等。無數先前從未認真思考的條件將變成生存要件，您也會慢慢學習對外求援或逃到有人煙的地方。

股市投資和獨自被留在無人島差不多，為了生存，必須極其敏銳、迅速、積極行動，不能放過以前無心忽視的無數資訊和經驗。股市投資是我認真進修經濟學的機會，不是出於義務，而是迫切「需要」和「渴望」而學。股市投資是我探索世界時最好的老師，同時也是讓我戰勝世界的堅固盾牌。為了不會再次因現實跌倒受傷、失敗，只能咬緊牙關學習，讓知識成為投資的後盾。沒有資源能比經驗更重要。

我不是詞藻華麗或能言善道的人。有時候還會因為太過心急，導致想說的話變得雜亂無章。但如果談及透過股市投資領悟到的投資人視角和哲學，聽眾經常會受到影響，甚至有人因而感動落淚，更有許多人坦言原來自己一直以來都誤解了市場和投資。有些人遇到我之後，對投資有了新的認識，後來成為擁有數十億韓元的資產家。他們在不了解投資的本質時，自以為只要能藉由交易賺錢就好。直到開始真正的投資，才看見整個世界。

從井底看世界時，只會看到一個小小的圓。如果只待在裡面感嘆：「原來世界是這個樣子啊！」無論如何想像，依然不會知道世界真正的樣貌。必須果敢跳出井外，用自己的雙腳四處探險，到更遼闊的地方眺望世界，方能了解到世界的一部分。股市投資是很好的起點，透過股市不只能夠學到經濟學，還可以學習人生，貼近自己的現實。

持續投資下，我的投資哲學逐漸接近「大石頭理論」。大石頭、小石頭、苔蘚……這些乍看之下無用又微小的事物，聚集起來才會變成大石頭。世界也一樣，如果只有出身好、優秀的人，無法維持下去。大企業侵犯中小企業的領域，甚或插手巷弄商圈，搶走庶民的飯碗，不只是道德問題。在巷弄裡做小生意的庶民如果生活困苦，就沒有人會買大企業的產品。世界是一個巨大的生態系，想要使這個名為生態系的巨石變得穩固，所有成員都要發揮功效。

平時喜愛運動的我，曾當過銅雀區羽球協會會長。可能有人會覺得我多管閒事，但我擔任會長期間，連續兩年帶領協會得到首爾市羽球比賽優勝。不過成員的性格和能力大不相同，有些人就像運動選手一樣厲害，有些人再怎麼努力練習也沒用。無論實力好或不好，所有人都要和睦相處，協會才能順暢運作。實力好的人臉皮厚，運動完就拍拍屁股走人。可是，實力很差的人會準備食物給大家，幫忙修理器材，還會清理四周環境，以自己的方式努力。每個人都有自己的價值和該扮演的角色。羽球只是個休閒運動，即使不太擅長那又怎樣？人的存在價值被肯定時，才能感受人生的意義，而後更積極貢獻社會。奉獻的方式有很多種。

不只是投資人，我也常常建議企業家記住戒盈杯的原理。戒盈杯是一種「警惕滿溢的杯子」。當倒入的液體超過杯子的七〇％，就會從杯底流出。假如能力還不夠，就想做到一三〇％至一四〇％，只會體力透支倒地，如此倒下後難以東山再起。建立一個事業不是一兩年就收手了，必須慢慢來，才能在艱困的時候找到機會，就算摔倒也可再站起來。當您拚盡全力只為了賺錢時，很難長久堅持。賺到一定的財富後，不要只顧填飽自己的口袋，必須回饋股東和社會。如果大家只守著自己的利益，社會將無法共同繁榮。

股市當然也沒有差別。證券公司就該像證券公司，投資人就該像投資人，公司要像公司，監督機關則要像監督機關。韓劇《鄭道傳》[3]中，鄭道傳曾劈頭喝斥一心貪圖私利的官僚是「米蟲」，假如我們無法發揮被賦予的重要作用，豈不形同米蟲。股市投資時，我認為最重要的就是「看世界的觀點」。必須維持正確的觀點看世界，才能發揮自己的作用，唯有如此，所有人方可共生共榮。

愈早透過股市投資學習經濟愈好

您覺得父母該教育子女什麼？父母盼望子女生活富足，但我認為應再進一步，希望他們成為「幸福的有錢人」。所謂幸福，代表確實明白自己活著的原因和價值，並朝那個方向前行。

可是並非會讀書，就一定能成為有錢人，從此生活幸福。區分有錢人和窮人的方式不是學校成績，是經濟意識。股市投資這本活生生的經濟學教科書，是熟悉這種意識最理想的管道。現今，經濟學成為決定未來人生的要素，很難將其分類在單一的範疇。不過每當我對家長說要在家教自己孩子經濟時，常被反駁那應該是學校該教的東西，為什麼交給父母來教。然而絕對不是如此。經濟教育除了父母以外，沒有人可以做到。

家庭是小孩的全世界，同時也是成長的基礎；父母則是小孩人生第一個榜樣。透過日常點滴影響孩子所學到的事物，是無可取代的。經濟學並不是父母雙方富裕的家庭才需要學，即便物資缺乏，也該教孩子盡力為明天做準備。我成長在別人眼中悲慘可憐的環境，但從未有悲觀的想法。當我回想起艱困的兒時，腦海中反倒會出現希望、計畫、努力、熱情、快樂、感謝這類詞語。這全多虧我的母親用一生教育我這世界。

---

③ 鄭道傳：出生於高麗王朝，協助太祖建立朝鮮王朝，編撰當代法典，並影響後世崇儒思想。

每個人說到自己的母親，都會不禁心有感觸，滿懷感激和懷念，我更是如此。我的母親年僅三十七歲就孤身一人帶著四個小孩，想來她該有多驚惶？老么甚至剛滿週歲。父親過世時留下遺言：「不要拋棄孩子，就算我離世也會幫助妳。」母親這一生始終相信著這句話。每當遇到困難，母親都會告誡我們記住家庭的寶貴，好好扶養我們長大。偶爾我們這些不懂事的小孩發生爭執時，她就會把房門鎖上，無論對錯輪流打我們，把我們的小腿打得流血。從未蓄長髮，堅持留短頭髮的母親經常祈禱和感謝神，不隨便輕看任何人事物，也不說別人的壞話。

母親的教誨造就了我的人生哲學。我們家的家訓是「言行相顧④」，換句話說「須時刻反省你的言語和行動」。拜母親所賜，身為兒子的我得以端正成長。本期望她能長命百歲，以多盡孝道，她卻於二〇一九年突然病逝。即使花了再多的錢、找了再好的醫院和醫生，也無計可施。發病不到一個月就撒手人寰。儘管母親突然離世，整頓家裡時，我並未發現需要整理的東西，一切乾淨整齊。參加葬禮的親友無不悲傷落淚，感慨自己來不及報答恩情。看來母親和鄰居、親戚之間，有許多我不知情的感謝之情和回憶。怎麼可能沒有呢？母親回故鄉時，總是去找那些獨居老人，送上點心和金錢。我即便給她生活費，她也不會用在自己身上，而是施予他人。或許她的付出全都回報在子孫身上了。

取代華麗的墓碑，我們在母親墳前立了刻上子孫們言語的墓碑。「您在人生道路上，寄予我們嚴格溫暖的關愛，使春天的花朵得以綻放。非常感謝您，想您、愛您。祈禱您在另一個世界能過得幸福。」

母親對我來說是最偉大的老師。每個人的生活環境和背景不盡相同，但我以前的生活真的很苦。村子裡第一次設置電燈時，位於山頂最高處的我們家被排除在外。如果我們家想要有電力，需要繳交增設電線杆的費用，但我們沒錢可付。無情的是，村子裡也沒有任何人出手相助。換作其他人，肯定會認為別人是看不起我們住這種破房子，不過母親並未如此。「大家有多苦，才會顧不上我們。」她是這麼說的。我們家的經濟狀況變好之後，母親更是時常照顧當初冷落我們的村民，凡事挺身幫忙。現在我也效仿那樣的母親，堅持不懈地幫助他人。「如果失去信用，就失去一切了。」「假如不體諒他人，將失去做人的意義。」「只有自己好過，有什麼用？」……諸如此類，從小母親不斷掛在嘴邊的話語，如今在我身上體現。

子女的餐桌經濟教育該從小做起

一般父母會在小孩吵著要買玩具時，直接買給他們。但您研究過孩子們想要的玩具是哪一家公司的產品，又是如何生產銷售的嗎？假如玩具公司在交易所上市，在買玩具給小孩之前，

④ 言行相顧：語出《中庸》「言顧行、行顧言」，意思是言行一致。

不妨先買股票給他，教育他買玩具這件事和股票的關聯性。

小孩升學至中小學、能夠理解更多事情時，便可拓展學習的範疇。可以買下他喜歡的電腦或手機遊戲的公司股票，然後學習研究，一同探討公司是如何在我們玩遊戲的同時賺錢。

教育方法無窮無盡，餐桌上的經濟教育，同時也是投資教育。如果孩子們從小學習「消費使用的行為」和「公司成長」的相互關係，成人以後會更容易理解公司和資本市場，致力當個積極的投資人。當手上握有閒置資金時，更不會貿然花光，自然而然會產生必須投資未來的念頭。不需要「省點錢吧！」「要當有錢人」這種嘮叨，他們會親身體驗如何讓小錢變大錢。如此成長的小孩，未來還需要擔心錢的問題嗎？

雖然我因為投資股票非常繁忙，但如果有人需要我，我絕對會盡力到場分享經驗。以子女經濟教育為題的演講結束後，有位聽眾傳來訊息。「就連失敗，也應該經由親身經歷轉化成自己的東西。您說要及早和子女一起投資股票、一起成長的那番話，使我印象深刻。我曾認為股市投資如同一種投機，遲遲未能行動，是您的演講帶給了我新的方向。」這瞬間，我心中充滿了成就感。

猶太人會在兒女年滿十三歲的成年禮時設宴祝賀，親戚們還會募集一筆錢給他們當作起步資金。他們會在小小年紀用那筆錢投資，學習經濟。猶太人能從經濟層面支配世界不是沒有道理。

二〇〇八年時，我贈與大女兒二千五百萬韓元，二女兒二千萬韓元，小兒子一千六百萬韓元，並幫他們申請股市帳戶。當時贈與稅須低於一千五百萬韓元才可減免，所以我個別繳交了一千萬、五百萬和一百萬韓元的相應稅金，當作他們的起步資金。此後，我們持續一起投資。雖然我會提出一些建議，不過投資標的公司都是和孩子們一起學習研究並選出來的。我們也會在餐桌上討論已投資的公司。我會讓他們練習主動關心自己投資的公司，找尋相關資訊，用心消費公司商品，向周遭朋友宣傳，像個企業家一樣地進行投資。那段期間投資總金額有了相當的成長。

更重要的是，孩子們看待世界的眼光逐漸寬廣。他們紛紛成了嚮往叱吒世界的國際人才，大女兒在喬治華盛頓大學專攻西洋美術史和經營學後，到法國巴黎經營宣傳韓國之美的生活時尚事業。二女兒則於美國頂尖大學的自然科學學系畢業後，為了攻讀其他人覺得太過艱深而放棄的深入課程，接受心儀大學提供的獎學金，繼續攻讀碩士及博士。而身為高中生的小兒子，也有非比尋常的夢想。

股市投資是培養洞察世界的雙眼的最好學習方式。成為公司的主人後，看世界的視角將和一般職員或消費者、客戶的角度截然不同。能夠明白社會和經濟的框架，且自然學會如何活得更好。背著父母家人偷偷投資股票的時代已經結束，假使每個人都能將自己投資的公司帶到餐桌上討論該有多好。要是家人之間能夠透過討論和研究，一起找出想要同行的公司，開始一家一社⑤就更棒了。

假如子女想當藝人，可以一邊投資經紀公司，一邊研究演藝事業。這樣一來，將能描繪出更具體的夢想，得以有所計畫。不再只是不著邊際的心願，而是清楚自己必須做什麼準備和努力，成就更強的動機。當大家都能在餐桌上和家人談論自己投資的公司時，將創造出比現在更健康有活力的未來。

守護自己財富的終究還是自己

我們這一生被賦予許多責任，要認真讀書、凡事以誠相待、盡忠職守等等。很多人為了履行職責，努力地過活，生活卻沒有一絲好轉。但明明已經按照社會、父母、師長說的去做了，為什麼還是這副德性？

我們從小學時期開始，解開不計其數的習題，不只是教科書、參考書，還有期中考、期末考、入學考試、資格檢定等大大小小的考試。照理做了這麼多訓練，問題解決能力應該不錯，但奇怪的是，當我們脫離試題冊就一籌莫展了。賺錢的方式也一樣，光靠父母逼迫子女「讀書」的這個公式，很難脫離貧窮成為富人。假如已經證明這個公式無法解題，就要改變解題方式。解二元方程式的公式不可能解開三元方程式，就算不斷嘗試，也絕對不會成功。可是，我們仍舊對自己的孩子強加「讀書」、「努力」、「勤儉」這類公式。

我們只學到父母教我們的「讀書」、「勤儉」這種公式，不過讀書這個公式早在高中畢業、進不了著名大學窄門的那一刻失效。殘存的只剩勤儉，但這個公式同樣也因為時代變遷，喪失效力。

照目前的樣子活下去的話，十年後的人生會變得如何？您希望自己變成什麼樣子呢？過去的已經過去，但未來尚未來臨。我們能享受、能感到美滿幸福的時刻，只有現在。因此，我們必須把今天和明天打造成人生的全盛期，並延續下去，讓今天比昨天更好，讓明天比今天更好。

如果今天是人生中最「不」富裕的狀態，您會怎麼做？如果不用再煩惱生計，得以規畫真實的人生，您會怎麼做？如果生活變得闊綽後，人生會不會有更多新篇章呢？

首先，目前的工作將變得有趣。或許您會認為賺了很多錢，便可以拋下工作，這種想法必須改變。人不必顧慮生計時，工作表現會更富創意。假如不用在意是否會失去這份工作，就算被辭退也不擔心沒錢吃飯，便能時時刻刻理直氣壯地享受工作。

想做到這點，必須創造並守護自己的財富。展開股市投資，以正確的方式賺錢。投資和人

⑤ 一家一社：作者此處表示的是一個家庭擁有（投資）一家公司。

生一樣有其公式，務必不可操之過急或太過貪心。

別急於成為專職投資人

這三十多年來，我用了各種方法投資。很多人以為我總是戰無不勝，但其實我也嘗到許多失敗。儘管遭逢過失敗，我努力不重蹈覆轍。我在四十歲以後成為專業投資人，現在回想起來，這個選擇做得不錯，要是我在更年輕的時候走上這條路，說不定無法成功。

二〇二〇年的牛市中，有很多人嘗到成功的甜美滋味。不知是否如此，很多人說著要辭掉工作專職投資。市場好的時候，持續賺錢的確會讓自信心大增，但專職投資是一件很困難的事。持續努力工作，穩定累積投資金額，同時投資很會賺錢的一流公司，會是更好的選擇。

等到體會看世界的角度後，再開始專職投資也不遲。我認為手握不到十億至二十億韓元（約合新台幣二千五百萬至五千萬元），便貿然走上專門投資的道路並不保險。資金如果不足，容易變得焦慮。由於缺乏其他賺錢的管道，甚至須調撥投資金補齊生活費。摔倒幾次後，將很難維持平常心。失敗時往往一心急著挽回錯誤，導致步伐大亂。在達到一定的程度前，奉勸各位先用閒置資金投資，沉著地待在自己的工作崗位累積資歷。二〇二〇年這種光景並不常有。

當到了懂得自制、通達事理的年紀，將明白如何做出聰明的決定。因此我建議至少超過四十歲再考慮專職投資。四十歲以前，相較於投資，藉由自己想做的事積累的經驗更珍貴。透過投入本業，可以逐漸掌握成為好投資人的條件，也能夠學會現職公司如何經營和盈利，那是無法從別處取得的資產。

展開一家一社（一個家庭擁有一個公司）運動吧

主角旅行高山途中，經過了一片荒蕪的土地。這是一個不管再怎麼找，也找不到一棵樹木的地方。這裡不斷吹著冷冽的風，難以生存，因此定居此地的人發生任何事都爭執不休。他在那兒遇見了一個牧羊人，他默默地揀選橡實育苗，並每天移植一百棵種苗到荒地。

第二次世界大戰結束後，主角重回荒地。歷經三十二年光陰，已經八十七歲的老牧羊人依然在同一個地方種樹養林，但村莊的樣貌完全不一樣了。鬱鬱森森的樹林裡，不斷傳來水流聲和鳥叫聲，田裡也種滿了蔬菜，人人互相幫助，帶著希望開創未來。

一個擁有偉大靈魂和高尚人格的人，用堅持和熱情改變了整個村莊，這個老人的名字是艾爾則阿·布菲耶。上述內容摘自短篇小說《種樹的男人》[6]。

二〇二〇年末，我被十家公司公告為「持股五％以上的大股東」。我默默攢下那些想投資公司的股份，假如收到股息或從其他地方獲利就追加持股。我早期甚至有自己都不確定已經有了多少股票，只知道不斷買進，直到後來才發現符合大股東條件的情形。

您不妨也像這樣訂定目標，讓自己或家人成為一家公司的大股東吧？看起來是個不切實際的夢想嗎？我不這麼想。我認為就算不能成為大股東，如果能發起一個家庭成為一家公司「主人」的運動應該還不錯。

我從很久以前就推廣一家一社的運動。新冠肺炎疫情爆發前，我為了廣傳這個概念，邀請了以家庭為單位的參與者一同對話和用餐。正如同《種樹的男人》夢想擁有茂密森林的美麗村莊，我也夢想著韓國的美好未來，每個家庭都擁有投資好公司的文化。

試想所有的家庭都展開一家一社運動的話，會發生什麼事呢？如果每個人都投資了某家好公司，該公司將奠定足夠的基礎走出韓國，發展成全球首屈一指的公司。假如優秀公司不斷出現，韓國經濟便能成長，成為富強的國家。為了這樣的正循環，我認為應該建立文化，使每個家庭至少投資一個以上的公司。

要是可以形成風氣，使每個家庭都能和成員一起尋覓想要投資的公司，自豪地談論該公司的相關話題，該有多好。如此一來，我們的公司將更加成長，投資的家庭也能共享公司成果，享受更富裕的生活。

參與一家一社運動的未婚人士之中，有人跟我說他在開始股市投資後，改變了擇偶標準。

原本重視的是外貌、學歷、背景等，但現在想認識「積極面對世界的人」或「有共鳴的人」，原因是這樣的人就算碰到逆境，也可以戰勝危機。假如一起克服逆境、計畫將來的話，能充分規畫出富足人生。若是孩子們傳承了那樣的眼光，就算沒有親眼所見，也可猜出家風不錯。而有些夫婦是從化妝品或生活用品等較容易接近的領域，開始分享投資意見，實踐一家一社，真是令我感到驕傲。

有位住在釜山的朋友，多年公職退休後，偶然和我相識，現在已藉由股市投資致富。每次拜訪釜山，那位朋友都自告奮勇開車來接我。當我因為投資問題在車子裡通話、工作時，他會盡可能不錯過任何細節。因為完全複製我的模式投資，他現在除了年金之外，還累積了一大筆資產，過著富足的老年生活。

他的兒子結婚時，是我這輩子第一次擔任證婚人。雖然多次婉拒，但在他誠摯的拜託下，不夠格的我還是站上那個位置。賀詞該說些什麼內容，讓我苦惱了一個多月。我找了許多被認為動人心弦的名僧賀詞，但不知是否因為僧人未經歷過夫妻生活，總覺得內容不太真實。思前想後，我決定以「成為夫婦，就像人一起騎雙人腳踏車」這句話起頭。假如停下踩腳踏車踏板的腳步，就無法向前。老公累的時候，老婆就要出力踩踏板；老婆累的時候，就要換老公出力

---

⑥《種樹的男人》：法國作家讓．紀沃諾於一九五三年應《讀者文摘》邀請而出版的短篇故事。

踩踏板。當其中一人感到疲累的時候，不要一直問對方為什麼累，只要拍拍他的背或回頭幫他加油就好。這種感情才能在婚姻漫長的旅程之中提供力量。

最近的年輕人都會盡量找和自己生長背景、職業、收入、資產相似的人，但要到哪裡找這麼剛好的人？即使財力差不多，性格、氣質或家庭環境也會不同，所以婚姻生活只需要達到某種程度的契合就好，其他的就交給共度的時光，互相理解、包容、共鳴、相處。認同彼此差異、相互配合的夫妻，感情會更深厚，同行的路上也會比較不辛苦。為了配合賀詞，祝福兩人的未來，我贈與新郎新娘各十股當時正在投資且感到自豪的三千里自行車股票，還開玩笑說如果繼續說下去，我的自行車股票可能會全部消失，引來客席哄堂大笑。

當「我」聚在一起會變成「我們」，「我們」過得好，「我」才能過得好。我們應以一家一社精神去發掘、投資有實力的公司，然後把它當作自己的公司，期盼它變好。當全家都拓展了經濟方面的知識，培養出對資本市場的興趣和意識，家家戶戶將可透過投資，在第一線幫忙培育那些從長遠的角度來看能夠成為未來飯票的產業。從而創造整體社會的附加價值，增加就業機會，使更多人生活寬裕、共享成果。我們都將成為豐富國家這個經濟生態圈的《種樹的男人》。

結語
憧憬一個尊重投資人的社會

我踏入股票市場已過三十載。韓國的投資文化想要有所發展，必須先改善投資環境。於這本書的結尾，我想要列出幾個投資環境的改善方案。

韓國股市出現投機形態不光是投資人的認知問題，大股東要負更大責任。他們為了私利，濫用投資者的善意，在股票上市時誇口會致力使股東和公司成長，但實際上市後卻變了，一味追求自身利益，打造有利繼承的情勢，導致資本市場變得像賭場一樣。

儘管難關重重，但和公司共享成果的唯一途徑，只有與公司溝通合作的投資。須培養互信和互生的投資文化，資本市場才能成為庶民的希望。不過，我訴求的並不是盲目的善意和道德感。拙作《一家公司的承諾》中已針對制度層面詳細論述相關補強辦法，這邊僅針對重點簡單說明。

第一點，必須改善股利政策。

目前仍有相當多的公司配息率過低，不願意分紅給股東，用公司保留盈餘[1]的名目將這些錢留在口袋裡，並以這筆資金實施庫藏股，收購公司股票，鞏固大股東的經營權。他們宣稱買入公司股票是要提升股東價值，但實際上通常都是為了大股東的權益。我們必須修法，杜絕這種不法手段。同時也要想辦法提出積極的誘因，提高大股東的配息意願。公司賺的錢扣除人事成本、雜支、稅金後，會在有限的利潤中分給股東一小部分，但卻連那少得可憐的配息也要扣稅，這樣的雙重稅制並不合理。在這種情況下，有權利決定配息金額多寡的董事會不可能提高股息，畢竟他們還要看大股東的臉色。應該創造一個不會藉由各種名目支給大股東薪資，而是透過配息提供經營成果的環境。想要做到這點，就必須擴大股利所得分離課稅。

第二點，必須改革繼承贈與相關稅制。

沒有人會在傳承自己累積的財富給下一代時，想要繳納鉅額稅金。當然這不是指我們應該容忍這些人逃稅，如果真的這麼做，社會將難以運作。就股份公司的立場來說，大股東合法的避稅會使其他股東蒙受損失，因為目前繼承贈與稅的課徵標準是公司總市值，大股東會為了降低稅金，故意壓低股價。方法有很多種。許多公司每年獲利豐碩，股價淨值比（PBR）卻始終低於一，這些公司套用的股價遠低於淨資產。想要杜絕這種行徑，必須以淨資產作為標準課稅。我們必須避免大股東壓低股價以節省遺產稅，使好心投資該公司的投資人承擔損失的事發生。

第三點，必須加重處罰金融犯罪。

韓國對於金融犯罪，即所謂的白領犯罪非常寬容。時常能看見因為肚子餓偷泡麵吃的人被判監禁，但挪用幾百億的人卻獲緩刑釋放，甚至經營者犯下這類罪責仍能維持職位的情形。我們應擬定相關規範，當有人犯下重罪，像是挪用公司資金等罪行時，就算有再多持股，也可剝奪表決權令其有所警惕，要是貪圖公司資金連公司都有可能失去。

第四點，迫切需要改善公司治理，以實現更成熟的股東資本主義。

韓國要更邁向先進社會的話，務必要改善現在這種不公平的資本市場結構。公司藉由國家和國民等其他社會成員的協助才能成長並享受成果，並非少數大股東的所有物。公司必須採取公平、公正、有意義和價值的行動，國家才會富強，國民也會變得幸福。再加上假如想讓股市投資成為令人驕傲的事，身為投資對象的股份公司必須依循原本的目標健全經營。為此，最基本的前提就是要有效運用商法中的「董事注意義務」。這是指不管在何種情況下，包含董事長在內的公司經營團隊在裁決或管理公司事務時，都應強制遵循忠實義務（fiduciary duty），不

① 公司保留盈餘：指公司歷年累積之純益，未以現金或其他資產方式分配給股東、轉為資本或資本公積。

可為了公司或自身利益，侵害第三者權益或濫用權限。

以先進國家來說，他們制定少數股東多數決制度（majority of minority）等有利弱者的法律和制度，賦予處於相對不利地位的一般股東優勢。但在韓國，幾乎所有法律制度都對公司有利，而公司解釋應用這些法規時，更是完全獨厚大股東，所以無法根除如同皇室或大股東家族霸權的經營形態。無論是大股東或一般股東，他們的股權利益都應得到良好的保護，並得以行使之。

除此之外，身為一個投資人，我還有許多想提出討論的事。像是偏袒公司，負責舉手表決的公司外部董事制度；比起努力讓客戶投資成功，更在意手續費收入的證券公司；明明該帶動健全的投資文化，積極行使股東權益，增進公司價值，卻只顧行情差價的機構投資者；和公司站在同一陣線，不斷附和的媒體……想批評的對象不計其數。這些人無論是誰都不會自行改變，負責立法的國會必須積極推動投資環境的改善。另外，社會有力人士的資本市場相關知識太過淺薄，必須提高國民對資本市場的認知，解決金融文盲的問題。當挪用公款等金融犯罪發生時，全體國民應該憤而發起拒買運動，積極懲戒，才能一點一點改變現況。

這些無法在短時間內改變。就算有所改善，一旦失去關注就會走回頭路。我想像過韓國股市持續發展，身在其中的公司跟著成長，並提供大家工作機會的正循環。要想如此，新世代須了解資本市場且加以活用，這也是為什麼我多次強調餐桌上經濟教育的重要性。學校教育固然重要，但想要在資本主義②社會好好生存下去，當務之急是清楚了解資本主義。

我期望國中小教科書可以加入投資、經濟學的學習內容。我們生活在資本主義社會，現在的小學生將來成為大人，也會活在資本主義社會。如果不教育他們資本主義的亮點——股市和金融經濟等，反而會出問題。正如同生於民主社會的小孩須學習民主一樣，資本主義社會的小孩也該學習資本主義。我認為義務教育應涵蓋投資、經濟科目，假如沒有了投資文盲、金融文盲，我們的資本市場將變得更堅實。

我將股市投資當作務農，只要像農夫一樣辛勤老實地投資，無論是誰都可以得到豐盛的果實。盼各位讀者讀完這本書，能夠以農夫的心態學習，並用農夫的心態持之以恆地投資。誠摯希望有更多人成為富人，為我國經濟成長貢獻一己之力。

---

② 資本主義：是種以私有財產鞏固為核心的學說，並不希望其他任何勢力介入，而讓市場力量控制財產的流通、估值。

謝辭

對我來說，資本市場是「眺望世界的窗口」。透過資本市場學習事理並有所成長，是件值得感謝的事。過去我執筆寫下五本股市相關著作還有報章專欄，也舉辦過演講，以及接受不計其數的相關訪問。儘管再忙，我仍願意抽出時間去完成這些事，是因為我想要分享我的投資哲學，使更多人一起參與其中。

我認為股市投資是讓所有人致富的一條康莊大道，夢想著「資本市場帶給庶民希望的世界」。只要公司高度成長發展，財富就會累積。漫漫人生中，如果不共享公司成果，無法擁有財富自由的生活。因此，股市投資已不是一種選擇，而是必須要做的事。雖然不是唯一的道路，但我始終認為這是一條可以使家庭、公司、國家共榮的康莊大道。

就算只看我之前寫的書籍標題，也能清楚知道我想傳達的訊息。《股市，像個農夫一樣投資吧》、《孩子啊，你就是公司的主人》、《投資人的視角》、《讓錢發揮作用吧》、《一家公司的承諾》等，都是在說比照農夫耕耘的方式投資能取得成功的投資環境和投資文化。我想這些已經綽綽有餘，所以寫下《一家公司的承諾》時，我才會說那是最後一本書。

二〇二〇年突然大流行的新冠肺炎，促使全世界陷入股市熱潮。雖然疫情是件不幸且令人遺憾的事，但作為一個投資人，很高興能看見大眾對資本市場和股市有更加正面的認識。不過令人擔憂的是，如果未能了解投資的本質便進行投資，很容易斷送辛苦工作賺來的血汗錢。坊間已有無數和股市投資相關的暢銷書籍，所以當Sensio金載賢代表懇切邀稿，要我述說自己的故事時，我煩惱了良久。

若沒有金代表誠摯的要求，這本書可能不會問世，在此致上我真心的感謝。慎重考慮之後，我決定將重點放在「我如何投資」、「成為公司的主人」、「股市投資十大原則」等內容，毫不保留地寫下自己三十年來的投資經驗。如果能夠按照我透過實戰學來的「股市投資十大原則」進行投資，將有許多人不會因為投資蒙受虧損。

這本書能夠出版，多虧了許多人的幫忙。首先要感謝成就現在的我，和我們一起生活的生命共同體「國家」和「全體國民」，尤其要向在艱困環境中仍舊創造出珍貴投資環境的企業家和員工，以及一同投資的投資人道謝。並感謝一如既往仔細討論並協助我的Sensio李恩貞室長和申寶鏡課長。

實在有太多人為了將我的拙見成書，通宵達旦工作，提供無數建議和協助。一路走來，持續和我一起投資還有生活的所有人都是我的老師兼夥伴，因為有他們同在，我才能成長茁壯，藉此機會向他們致上真摯的感謝。

衷心感謝直到這本書出版之前，持續提出意見和指教的同事鄭在延組長，還有崔秀賢、朴俊亨研究員、朴慧周代理。同時也要向每當遇到難題，都會提供建言的趙賢燦社長和具成動社長表達萬分謝意。

當老公和家長專職股市投資，老婆和家人的生活會是什麼模樣呢？謝謝我心愛的家人，就算時常隨著市況波動心驚膽戰，仍然不動聲色，一直相信我並為我加油。

這本書是我一邊回想已故的母親，一邊寫下的紀錄。母親視角看到的世界，蘊含了母親的夢想，滿是「大家都能一起過得更好的心願」。我看著造就現今的我的父母和家人，決定將這本書獻給我的母親。最後，希望這本書能對投資人有所幫助。

股市農夫　朴永玉

寫於舍堂洞母親的家中

投資的絕對原則

作者	朴永玉
譯者	Loui
商周集團執行長	郭奕伶
商業周刊出版部	
責任編輯	林雲
封面設計	陳文德
內頁排版	林婕瀅
編輯協力	楊靜嫻
校對	呂佳真
出版發行	城邦文化事業股份有限公司 - 商業周刊
地址	104 台北市中山區民生東路二段 141 號 4 樓 電話：(02)2505-6789　傳真：(02)2503-6399
讀者服務專線	(02)2510-8888
商周集團網站服務信箱	mailbox@bwnet.com.tw
劃撥帳號	50003033
戶名	英屬蓋曼群島商家庭傳媒股份有限公司城邦分公司
網站	www.businessweekly.com.tw
香港發行所	城邦（香港）出版集團有限公司 香港灣仔駱克道 193 號東超商業中心 1 樓 電話：（852）25086231 傳真：（852）25789337 E-mail：hkcite@biznetvigator.com
製版印刷	中原造像股份有限公司
總經銷	聯合發行股份有限公司 電話：（02）2917-8022
初版 1 刷	2023 年 8 月
初版 2.5 刷	2023 年 9 月
定價	台幣 380 元
ISBN	978-626-7366-07-3（平裝）
EISBN	9786267366059（PDF） 9786267366066（EPUB）

國家圖書館出版品預行編目資料

投資的絕對原則 / 朴永玉著；Loui 譯. -- 初版. -- 臺北市：
城邦商業周刊, 2023.08
　面；　公分.
譯自：주식투자 절대 원칙
ISBN 978-626-7366-07-3（平裝）
1.CST: 投資　2.CST: 成功法
563　　112012478

藍學堂

學習・奇趣・輕鬆讀